Brigitte Burger
Haushalt ohne Chemie

BRIGITTE BURGER

Haushalt ohne Chemie

**Praktische Ratschläge
für ein natürliches Waschen,
Reinigen, Kochen,
Backen, Heilen und Pflegen**

**1984
Dreisam-Verlag Freiburg i. Br.**

CIP-Kurztitelaufnahme der Deutschen Bibliothek
Burger, Brigitte: Haushalt ohne Chemie: prakt. Ratschläge für ein natürliches Waschen, Reinigen, Kochen, Backen, Heilen und Pflegen/Brigitte Burger. - 1. Auflage – Freiburg i.Br.: Dreisam-Verlag, 1983.

ISBN 3-921472-50-4

2. Auflage 1984

Gestaltung: Michael Wiesinger
Redaktion: Gernot Erler
Satz: Topset GmbH, Richard-Wagner-Str. 24, 7800 Freiburg
Druck: Rombach u. Co. GmbH, Lörracherstr. 3, 7800 Freiburg
Vertrieb: Prolit-Buchvertrieb, Postfach 1165, 6304 Lollar
ISBN 3-921472-50-4

Zu diesem Buch

Liebe Leserin! Lieber Leser!
Heute kann man häufig hören, daß der Mensch mit zuviel Chemie seine Umwelt zerstört. Überall werden die Gefahren beschworen, die der Natur durch unser Tun drohen. Aber ändern wir etwas an unserem Verhalten deswegen? Sind wir bereit, Rücksicht zu nehmen und bewußter zu leben? Und wer soll damit anfangen, sich zu bessern?
Vielleicht denken die meisten: erst mal die großen Umweltzerstörer aus der Industrie. Natürlich, anders geht es nicht. Aber einen Beitrag leisten können wir auch selber, in unserer eigenen Umgebung.
Auf den folgenden Seiten ist beschrieben, was einige einfache Mittel vermögen, die uns die Natur in die Hände gegeben hat. Sie haben sich seit Jahrhunderten in Küche und Haushalt, bei der Körperpflege, als Heilmittel oder im Garten bewährt. Bloß leider: vieles davon haben wir vergessen!
Dafür werden uns täglich neue künstliche Mittel angepriesen, die ebenso wirken sollen wie die natürlichen. Aus Bequemlichkeit greifen wir nach ihnen, doch bei vielen müßten wir ein schlechtes Gewissen haben wegen der bösen Folgen für die Umwelt. Deshalb besinnen sich die Menschen allmählich, daß es auch anders geht.
Dieses Buch will dabei helfen. Es zeigt die vielseitigen Anwendungsmöglichkeiten natürlicher Mittel. In diesem Sinne weist es den Weg zu einem „Haushalt ohne Chemie". Natürlich kann keiner von uns von einem Tag auf den anderen von der Seifenherstellung bis zum Brotbacken plötzlich alles selbermachen. Aber wer in diesem Buch liest, bekommt sicher Lust, einige dieser Ratschläge auszuprobieren. Der will einfach mal sehen, ob z.B. die Zitrone wirklich „so viel kann", oder der Essig, das Natron, der Honig!
Deshalb wurden auch nicht einfach lauter Tips alphabetisch aneinandergereiht, sondern für jedes natürliche Produkt ein eigenes Kapitel zusammengestellt. Kleine Vignetten zeigen Ihnen schnell, wo die „Küche" aufhört und der „Haushalt" anfängt. Und um das Ganze aufzulockern, tauchen zwischendurch eingerahmt besondere Rezepte, Ratschläge aus Omas Zeiten oder originelle Tips auf, die für sich schon zum Weiterlesen verleiten.

Wer aber das Buch eher als Nachschlagewerk und Ratgeber für bestimmte Probleme benutzen will: bitte sehr, im Anhang befindet sich ein Stichwortverzeichnis, das ohne Verzug den Weg zu jenem natürlichen Mittel weist, von dem Hilfe zu erwarten ist.
Der Dreisam-Verlag hat in seiner Öko-Reihe schon einige Titel veröffentlicht, die Umweltprobleme leicht verständlich und trotzdem zuverlässig in der Sache beschreiben. Wir freuen uns, hier ein Bändchen vorlegen zu können, bei dem von den Problemen nicht die Rede ist (sie bleiben unerwähnt im Hintergrund: die krankheitsfördernde Luft zum Atmen, die zu hoch belasteten Abwässer, die chemisch ruinierten Böden), das aber ganz auf eine Praxis abgestellt ist, bei der weniger solche Probleme entstehen.
Die Devise heißt: es geht auch anders! Wir brauchen nicht noch mehr Spraydosen aus den neumodischen „Drogerie-Märkten", die überall aus dem Boden schießen, sondern eine Vermittlung von Haushalt und Natur. „Haushalt ohne Chemie" will Wege dahin aufzeigen. Wenn sich der Leser an einigen Stellen sagt: aha, hat das nicht meine Großmutter genauso gemacht? Warum sollte ich das nicht auch mal probieren? Wenn er die Gewohnheiten seines Alltags dann ein wenig ändert, und sei es aus der Überraschung heraus, daß die gemachten Vorschläge tatsächlich funktionieren – dann hat diese Veröffentlichung ihren Zweck erfüllt.

Dreisam-Verlag, Redaktion

Inhalt

**Vergessen heißt
Erfahrungen
zum Fenster
hinauswerfen.**

Schopenhauer

Essig

Essig macht nicht nur lustig, sondern auch schön!
Weisheit der alten Volksmedizin

Essig ist ein Universalmittel, ein praktischer und unentbehrlicher Helfer in Haushalt und Küche. Solange es Wein oder ähnliche alkoholische Getränke gibt, die sich in Essig verwandeln, gibt es Essig, schätzungsweise schon seit 5000 Jahren. Obst- und Weinessig bilden sich durch einen Gärungsvorgang, die Vermischung von alkoholischen Flüssigkeiten mit ständig in der Luft lebenden Essigpilzchen.
Im alten Rom und später im Mittelalter überließ man die Essigherstellung ganz einfach dem Zufall. In einem offenen Gefäß wurde Wein an einen warmen Ort gestellt, und die hineingelangten Essigbakterien aus der Luft wandelten den Alkohol in Essigsäure um.
Das Grundprinzip ist auch heute noch dasselbe. Mit der industriellen Fertigung des Essigs begann man erst im vorigen Jahrhundert. Damals wie heute ist der Verwendungszweck derselbe.
Der Essig gehört zu den wichtigsten Speisezusätzen bzw. Gewürzen: es werden Gemüse, Früchte und Kräuter eingelegt, er schützt verschiedene Nahrungsmittel vor dem Verderben. Auch im Haushalt und in der Krankenpflege findet der Essig Verwendung, und heute noch schwören Ärzte auf die gesundheitlichen Wirkungen des Essigs. Der edelste Rohstoff zur Essiggewinnung ist Traubenwein. Biologisch, durch Essigbakterien fermentativ gebildeter Essig ist ein Gär- und Versäuerungsprodukt, das mit Joghurt, saurer Milch und Sauerkraut in eine Reihe zu stellen ist. Diese Produkte sind auf natürlichem Wege gewonnene Nahrungsmittel, die im engsten Kontakt mit Lebewesen entstehen und darum alle Voraussetzungen für eine gute Anpassung an den menschlichen Organismus mit sich bringen. Aus diesem Grund ist auch Essig vollkommen unschädlich. Holzessig allerdings – das muß man wissen – ist **giftig** *und für den Verzehr ungeeignet.*

Die Essigsorten

Inzwischen gibt es verschiedene Essigarten:

Weinessig *wird aus reinem Traubenwein hergestellt. Bei uns in Deutschland erfreut er sich nur einer geringen Beliebtheit, obwohl er geschmacklich der feinste und wertvollste ist (Mindestsäuregehalt 6%).*
Branntweinessig *wird durch Vergärung von verdünntem Alkohol (Branntwein) hergestellt (Mindestsäuregehalt 5%).*
Kräuteressig *ist ein Branntweinessig, der durch Zugabe von Kräutern oder Kräuterauszügen eine entsprechende Geschmacksnote erhalten hat (Mindestsäuregehalt 5%).*
Wein-Branntwein-Essig *ist ein Verschnitt von Weinessig und Branntweinessig, wobei der Anteil des Weinessigs nur 25 bis 30% beträgt (Mindestsäuregehalt 5%).*
Obstessig *darf als solcher nur benannt werden, wenn er im Gärungsverfahren aus Obstwein hergestellt wurde. In Deutschland werden dazu überwiegend Äpfel verwendet. Er enthält z.B. die dem Apfel eigenen Mineralstoffe und Spurenelemente und ist deshalb für eine gesunde Ernährung besonders wertvoll. Er hat eine pikante und doch milde Würze (Mindestsäuregehalt 5%).*
Unter **Essig-Essenz** *versteht man 15- bis 25%ige Essigsäure. Sie wird durch Trockendestillation aus Holz oder synthetisch aus Kalziumkarbid gewonnen und ist neutralsauer. Aus der bei uns im Handel erhältlichen 25%igen Essig-Essenz kann man eine eigene Mischung herstellen, wenn man den entsprechenden Anteil Wasser hinzufügt. Darum ist insbesondere die Essig-Essenz sparsam im Gebrauch.*

Nostalgisches Licht — aber ohne Ruß:

Die Zeit der Petroleumlampen ist längst vorbei. Gerade deshalb findet man sie heute wieder in manchem Wohnzimmer. Früher hat man alle möglichen „Abzugshauben" für Qualm und Ruß erdacht, wie z. B. einen großen angefeuchteten Naturschwamm, der von der Decke über der Lampe herunterbaumelte. In dem Schwamm sammelten sich Ruß und Qualm, und er ließ sich so schneller in Wasser auswaschen, als immer aufs Neue mit dem Streichen der Wände beginnen zu müssen. Petroleumlampendochte qualmen aber erst gar nicht, wenn sie neu und vor der ersten Benutzung mit Essigwasser getränkt und gut getrocknet werden. Erst ganz trocken darf man sie in die Lampe einziehen.

Allgemeine Tips rund um den Essig

Sauer eingelegte Gemüse und Salatsaucen schmecken viel feiner, wenn man den normalen Haushaltsessig etwas aromatisiert.

- *Mit grünen Kräutern, Kresse oder ganzen Estragonzweigen schmeckt Essig* **frisch.**
- *Himbeeren, Veilchen oder Orangen- und Zitronenschalen machen ihn* **fruchtig.**
- *Der Zusatz von Ingwerwurzeln, Muskatnüssen oder Sardellen macht den Essig besonders* **würzig.**

Erfrorene retten

Es wäre verkehrt, Erfrorene ins geheizte Zimmer zu bringen. Man bringe sie in ein ungeheiztes Zimmer. Man reibt den ganzen Körper mit kalten, nassen Tüchern, um in der Haut Wärme zu erzeugen. Zeigt sich Leben, so träufle man warme Getränke ein. Man mache künstliche Atemübungen, wodurch die Lunge wieder ihre Tätigkeit aufnimmt. Mit Essig wasche man die Haut, um sie wieder zu beleben. Nach Wiederkehr des Bewußtseins ist ein warmes Vollbad sehr von Nutzen. Durch stundenlanges Frottieren ab und zu mit Essig und mit Wasseranwendung hat man schon manchen Erfrorenen gerettet und manches scheinbar verlorene Glied erhalten.

Kräuteressig: *Nach eigenem Geschmack gewürzter Essig kann durch Einlegen von frischen Kräutern in eine mit Weinessig gefüllte Flasche selbst hergestellt werden. Die Flasche 1–2 Wochen vor dem Gebrauch stehen lassen. Dazu kann z. B. Thymian, Estragon, Majoran, Rosmarin u.a. verwendet werden. Es ist eine hübsche Dekoration, ihn in urigen Gefäßen auf dem Fensterbrett stehen zu lassen. Besser für den Essig jedoch ist es, ihn dunkel aufzubewahren.*
Gewürzessig: *wird nach demselben Rezept hergestellt. Als Würze eignen sich besonders Muskat, Gelbwurz, Zimt, getrocknete Pfefferschoten, Muskatblüten, Senfkörner u. a. Zum Einlegen von Früchten eignet sich am besten ein milder, süßer Essig, während man dunklen, z.B. mit Senfkörnern und Pfefferschoten, für eingelegte Gemüse verwendet.*

Essig-Beize: *1 Flasche küchenfertigen Essig, 1 aufgeschnittene Zwiebel, einige Möhren, 1 Lorbeerblatt, Petersiliengrün, Sellerie, Salz, einige Pfefferkörner, 1–2 Nelkenköpfe.*
Alles gut durchkochen. Mit der erkalteten Flüssigkeit das Fleisch übergießen. Es muß damit bedeckt sein. Einmal täglich wendet man das Fleisch in der Beize um.

Essig-Marinade: *Essig und Öl verrühren, Kräuter oder Gewürze nach Geschmack zufügen und als Zartmacher für rohes Fleisch benutzen.*

Essigbeiz-Tuch: *Zartes Reh- und Kalbfleisch oder Geflügel legt man nicht in Essigbeize, man wickelt sie vielmehr in ein Tuch, das in die vorher beschriebene Essig-Beize oder auch einfach nur in leicht verdünntem Essig eingetaucht wurde. Ist das Tuch trocken, muß man es wieder anfeuchten. Auf diese Weise kann man empfindliches Fleisch mehrere Tage frisch halten und es auch gleichzeitig mürb machen.*

Essig-Dämpfe: *1–2 Gläser Essig werden in einen Topf mit kochendem Wasser gegeben und man beugt dann den mit einem Tuch verhangenen Kopf darüber. Die Essig-Dämpfe kann man auch durch einen über den Topf gestülpten Trichter einatmen. Das Wasser muß dabei fortwährend heiß gehalten werden, so daß genügend Dampf aufsteigt.*

Essig-Umschläge *bestehen aus einer Essig-Lösung (2 Eßlöffel Essig auf 1 Glas Wasser) und einem darin getränkten Tuch. Man legt ein wasserdichtes Tuch (Babyunterlage z.B.) und ein wollenes Tuch darauf, damit die kühle – oder auch warme – Feuchtigkeit entsprechend einwirken kann und möglichst lange vorhält.*

Essigwasser: *wird aus ⅔ Wasser und ⅓ Essig hergestellt. Man verwendet es z.B. zu Umschlägen.*

Die in manchen Essigen gelegentlich auftretenden leichten **»Trübungen«** *– obgleich der Essig anfänglich »rein« war – beruhen auf der biologischen Herkunft des Essigs und auf seinem Gehalt an biogenen Stoffen. Sie beeinträchtigen den Gebrauchs- und Genußwert des Essigs meistens nicht im geringsten, sondern sind eher ein Zeichen des biogenen Ursprungs und der Qualität.*
Essig bleibt in der Flasche klar, wenn Sie ein paar Stückchen Holzkohle in die Flasche legen, aber haltbar ist er auch ohne.

Angebrochener Essig *hält sich bei Zimmertemperatur etwa 6 Monate, ohne sein Aroma zu verlieren.*
Essig nicht in die **Sonne** *stellen. Die Flasche nach Gebrauch immer sofort fest verschließen und möglichst kühl und dunkel aufbewahren, weil der Essig sonst trübe wird.*
Mit Essig gewürzte **Speisen** *immer noch einmal aufkochen, das verfeinert den Geschmack.*

Essigeingelegtes: *Der Essig muß von guter Qualität sein und einen Säuregehalt von wenigstens 5% haben. Weinessig eignet sich besonders für alles Essigeingemachte, aber wenn eine helle Farbe erwünscht wird, z.B. für helle Früchte oder Gemüse, kann man auch weißen Essig oder Apfelwein-Essig verwenden. Essigeingelegte Gurken, Rote Beete usw. verderben und schimmeln nicht, wenn ein Stückchen Meerrettich ins Glas gegeben wird.*

Wenn es poltert und rumort

Blähungen vertreibt man mit heißen Essig-Umschlägen. Ein gutes Mittel bei leichteren Beschwerden ist folgendes: Man nehme ein Tuch, tränke es in heißem Essigwasser und lege es sofort auf den Unterleib. Durch Wechseln und Erneuern der Umschläge alle 15 Minuten tritt baldige Besserung ein, dies insbesondere in leichteren Fällen. Zur gleichen Zeit trinke man einen Tee aus Kamillen. 10 Köpfe Kamillen lasse man in einem Viertel Liter Wasser zum Kochen bringen. Der Tee sollte eine Weile ziehen und wird dann durchgesiebt getrunken.

Essig selber machen

Der selbst hergestellte Essig ist bekömmlicher als künstlich bereiteter, da er Magen und Darm schont. Deshalb sei für Essig-Liebhaber und diejenigen, die es werden wollen, ein altes Rezept aufgeführt.
Läßt man alkoholhaltige Flüssigkeiten wie Trauben- oder Apfelwein, Bier, Obstsaft oder ähnliches in offenen Gefäßen stehen, verwandelt sich der Alkohol durch Hinzutreten von in der Luft enthaltenen Essigpilzen in Essig. Man kann dazu auch Weinreste verwenden.

1. Trübe Reste von Trauben-, Apfel- oder Johannisbeerwein in eine bauchige Korbflasche füllen (Birnenwein allein eignet sich nicht zur Essigherstellung!).

2. Ein Stückchen frisch gebackenes Schwarzbrot in Essig tauchen und in die Flasche geben.
3. Die Öffnung der Flasche mit einem Leinenläppchen zudecken und im Sommer in die Sonne, im Winter in die Nähe des Ofens (20° bis 24° C) stellen.
4. Die Flasche muß ruhig stehen bleiben.
5. Nach einiger Zeit bildet sich an der Oberfläche eine Haut, die von Woche zu Woche dicker wird. Das ist die sogenannte Essigmutter.
6. Nach 5–6 Wochen probieren, ob der Essig die nötige Schärfe hat.
7. Ist das der Fall, dann wird er vorsichtig, damit die Essigmutter nicht verletzt wird, durch ein reines Tuch gegossen, in Flaschen abgefüllt und verkorkt.
8. Nun kann man erneut mit dem Essigmachen beginnen, indem man Wein in das Essiggefäß einfüllt.
9. Von der auf dem Tuch zurückbleibenden Essigmutter, die meistens schon aus zwei Teilen besteht, löst man die hellere, jüngere Schicht ab und legt sie wieder in das Essiggefäß. Die dunklere Schicht ist ungeeignet.

Man kann auch Essig aus Obstabfällen herstellen. Dazu dürfen nur chemisch unbehandelte Früchte verwendet werden.

1. Äpfel- und Birnenschalen, Pflaumen- und Pfirsichkerne, an denen noch ein wenig Fruchtfleisch haftet, Rückstände von Gelee- und Saftherstellung, auch ausgepreßte Zitronen, werden, nach sorgfältiger Entfernung aller fauligen Teile, in eine bauchige Korbflasche gesteckt.
2. So viel Zuckerwasser (1 Eßl. auf 1 Liter Wasser) über die Obstabfälle gießen, bis sie bedeckt sind.
3. Mit einem Tuch zugedeckt in die Sonne oder im Winter in die Nähe des Herdes oder Ofens (20°–24° C) stellen.
4. Schon nach wenigen Tagen beginnt die Essiggärung. Man kann sie beschleunigen, wenn man ein kleines, frisch gebackenes Stückchen Brot oder ein klein wenig Sauerteig hinzufügt.
5. Sobald die Gärung vorbei ist, kann der Essig abgegossen werden. Er ist dann gebrauchsfertig.

Zur Essigbereitung niemals Plastik-, Ton- oder Metallgefäße verwenden! Glas oder Porzellan ist das sicherste Material.

Schutz gegen Ansteckung

Ein vorbeugendes Mittel, mit dem man Krankenzimmer täglich bespritzt, ist folgendes: Rosmarin, Raute, Salbei und Krausminze mischen und fein zerschneiden. Mit gutem Weinessig übergießen und am warmen Ofen acht Tage stehen lassen. Die Flüssigkeit wird durchgeseiht und ein Stück Kampfer dazugegeben. In Flaschen gut verkorkt aufbewahren.

Küche

- Ist der **Senf** im Töpfchen eingetrocknet, wird ein Schuß Essig und eine Prise Zucker dazugegeben. Tüchtig glattrühren, und er ist wieder weich.
- **Mayonnaise,** die man auch aufbewahren möchte, sollte besser mit Essig als mit Zitrone zubereitet werden. Der Essig hat eine konservierende Wirkung. Mit Öl übergossen, hält sie sich lange im Kühlschrank frisch.
- Ein **altes Huhn** schmeckt wie ein junges Hühnchen, wenn Sie es einige Stunden vor dem Kochen in Essig einlegen.
- **Steak** wird zarter, wenn Sie Öl und Essig verrühren und das Fleisch damit marinieren; wenn Sie das Fleisch öfter wenden, reichen 2 Stunden aus.
- Falls die **Eier** beim Kochen platzen sollten, verhindert ein Schuß Essig das Auslaufen des Eiweißes.
- Alte **Kartoffeln** werden schmackhafter, wenn man dem Kochwasser etwas Essig beigibt. Gefrorene Kartoffeln verlieren auch ihren süßlichen Geschmack, wenn man dem Kochwasser etwas Essig zufügt. **Fleckige Kartoffeln,** besonders im Frühling, werden locker und schön weiß, wenn dem Koch- oder Dampfwasser etwas Essig zugesetzt wird. Im Geschmack bleiben sie trotzdem rein.
- Stark riechendem **Gemüse** einen Schuß Essig in das Kochwasser geben. In einem anderen Topf lassen Sie gleichzeitig etwas Essig verdampfen.

● **Kohl** wird zuweilen deswegen nicht gerne gekocht, weil der intensive Kohlgeruch in die ganze Wohnung zieht. Man kann ihn verringern, wenn man auf den Topfdeckel ein essiggetränktes Tuch legt.

● **Rotkohl (Rotkraut)** bekommt durch Essigwasser eine schöne Farbe: einen Schuß Essig dem Kochgut zugeben.

● **Rote Rüben:** die Knollen vorsichtig säubern, und in Wasser garen, dem Sie einen Schuß Essig zugegeben haben. Sind die Knollen gar, werden sie kalt abgeschreckt und von der Haut befreit. Dann können sie angerichtet werden.

Geschirrspülmittel sparen

Essig löst Fett und macht das Geschirr glänzend. Nehmen Sie nur ganz wenig Spülmittel und geben dem Spülwasser einen kleinen Schuß Essigessenz zu.

● **Schwarzwurzeln:** um die Hände zu schonen, schabt man sie am besten unter Wasser. Dem Kochwasser sofort etwas Essig zufügen, damit die Stangen schön weiß bleiben. Übrigens haben Schwarzwurzeln einen erheblich höheren Nährwert als der ähnlich schmeckende Spargel.

● **Spargel** läßt sich einige Tage im Kühlschrank frisch halten, wenn man ihn in ein mit Essig befeuchtetes Tuch einwickelt. Das Tuch in Essigwasser tauchen und auswinden.

● Bereiten Sie **Champignons** und haben keine Zitrone zur Hand, helfen auch ein paar Tropfen verdünnter Essig. Damit sie bis zum Anrichten nicht braun werden, in Essigwasser legen.

● **Äpfel und Birnen** bleiben schön weiß, wenn man dem Kochwasser etwas Essig zugibt.

● **Fisch** hält sich länger frisch, wenn er in essiggetränkten feuchten Tüchern eingeschlagen wird.

● **Fisch,** den man nicht sofort zubereiten kann, in verdünnten Essig legen oder in ein essiggesäuertes Tuch einschlagen.

- **Fischschuppen** lassen sich schnell und mühelos entfernen, wenn man den Fisch vorher mit Essig einreibt.
- **Fisch** zerfällt beim Kochen nicht, wenn man dem Kochwasser einige Tropfen Essig zusetzt.
- **Fischgeruch an Händen** läßt sich mit Essig vertreiben. Fischgeruch an Besteck und Geschirr kann man entfernen, wenn man die Stücke mit Essig abwäscht.
- **Grüne Heringe** schmecken besser, wenn Sie sie nach dem Säubern und Waschen vor dem Braten eine ¼ Stunde in kräftiges Essigwasser legen.
- **Krabben** aus der Dose schmecken nicht nach Blech, wenn man sie ca. 15 Minuten in etwas Sherry und 2 Eßl. Essig ziehen läßt.
- Will man backen und hat nicht genug **Eier** im Hause, kann 1 Eßl. Essig ein Ei ersetzen. Der Geschmack wird dadurch nicht beeinträchtigt.
- **Schokoladenkuchen** wird schön saftig und locker, wenn außer dem Backpulver zusätzlich noch ein knapper Eßlöffel Essig zugefügt wird.
- **Käse** kann man in einem essiggetränkten Tuch aufbewahren, er schimmelt dann nicht.

Kalksteinbildung unmöglich gemacht

Man legt in das Gefäß einen sauberen Kieselstein. Der Kalk wird sich daran festsetzen. Dennoch sollte das Gefäß von Zeit zu Zeit mit Essigwasser in einem Verhältnis von 2 l Wasser und ¼ l Essig ausgekocht werden. Mit klarem Wasser nachspülen.

Haushalt

- Hart gewordene **Pinsel** (außer bei Lackfarbe) legt man in heißen, verdünnten Essig und anschließend in eine Seifenlauge. Man spült gut nach, und sie werden wieder weich.

Das mögen Flöhe nicht:

In das Wischwasser wird ¼ Liter scharfer Essig geschüttet und die Wohnung damit gereinigt; Teppichböden werden mit Essigwasser abgerieben.

● Verbogene **Zelluloid-Stricknadeln** brauchen Sie nicht wegzuwerfen. Legen Sie die Nadeln in heißes Essigwasser, bis sie weich geworden sind. Dann können Sie sie wieder gerade biegen. Um sie wieder zu erhärten, taucht man sie in kaltes Wasser. Die Nadeln werden wie neu!

● Dem **Hausschwamm** kann man zuvorkommen, wenn man die anfälligen Stellen mit rohem Holzessig bepinselt.

● **Aquarienfenster, Vasen und Flaschen** kann man mit einem Brei aus Essig und Salz reinigen und auf Hochglanz bringen.

● **Tintenflecke an Händen:** Wenn alles nichts geholfen hat, probieren Sie es einmal mit Essig-Essenz; sofort mit klarem Wasser nachspülen, da Essig-Essenz eine ätzende Wirkung hat.

● **Fettflecke auf Marmor** werden mit Essig angefeuchtet. Der Essig muß einige Zeit einwirken, dann mit klarem Wasser nachwaschen.

● **Tabakgeruch verschwindet,** wenn Sie ein großes, flaches Gefäß mit Essigwasser in den Raum stellen, zusätzlich den Boden mit Essigwasser und die Teppiche mit Essigwasser abwischen. Das frischt gleichzeitig die Farben auf.

● Dem **Hund** ist in Ihrer Wohnung ein Malheur passiert? Zuerst so viel wie möglich von der Feuchtigkeit aufnehmen. Erst mit einer Seifenlösung unter Zusatz von Essig, dann mit klarem Wasser die Stelle bearbeiten und trocken reiben.

● **Kugelschreiberflecken** auf Holz oder gestrichenen Wänden kann man mit Essigessenz entfernen. Die Essigessenz mit einem sauberen Tuch auftragen, anschließend trockenwischen. Bei hartnäckigen Flecken diese Prozedur wiederholen.

- Mit Essig kann man flüssigen **Korrekturlack** von der Schreibmaschine oder vom Tisch entfernen.
- **Brottrommeln** sollten einmal wöchentlich mit Essigwasser ausgewaschen werden. Essig bindet den Geruch und verhindert Schimmelbildung. Sollten Sie nach alter Art Ihr Brot in einem Steintopf aufheben, sollte er ebenfalls einmal wöchentlich mit Essigwasser ausgewaschen werden.
- Festsitzende, braune Flecken auf **Kaffeekannen** reibt man zunächst mit Essig und Salz gut ab und spült dann die Kanne mit kochendheißem Wasser aus.
- **Teekannen aus Porzellan** bekommen mit der Zeit außen häßliche braune Flecken. Wenn die Flecken noch nicht zu alt sind, kann man sie mit Essig und Salz ausreiben.
- **Kristallgläser** werden besonders schön blank, wenn man sie in warmem Wasser spült, dem etwas Essig zugesetzt wurde.
- **Vasen reinigen:** heißes Wasser, 1 Teelöffel Reis und 1 Eßlöffel Essig in die Vase geben. Tüchtig schütteln und auch von außen mit Essigwasser reinigen.
- **Stahlgegenstände** kann man sehr gut mit reinem Essig reinigen und auf Hochglanz bringen.
- **Schrammen auf Möbeln** verschwinden bald, wenn man sie mit einer Mischung aus Essig und Öl zu gleichen Teilen abreibt.

Gegen Motten in Polstermöbeln

Sind Motten in die Polstermöbel gekommen, so werden sie mit Essigdämpfen leicht vertrieben. Man nehme ein großes Tongefäß, fülle es dreiviertel mit heißem Essig und lege einen glühend gemachten Bügelstahl hinein; damit der Dampf sich besser auf die Möbel verteilt, bedeckt man sie vorher mit einem Leinentuch.

- Mottenschutz für Ihren Perser: bürsten Sie Ihre **Perserteppiche** mit einer ziemlich starken Essiglösung aus. Diese Behandlung vertreibt nicht nur die Motten, sie frischt auch gleichzeitig die Farben auf. Der Teppich darf dabei aber nicht naß werden!

● **Wollbehänge, Kelim-Kissen** und dergleichen werden wieder farbkräftig und rein, wenn sie mit einem gut ausgewundenen, in Essig getränktem Tuch abgerieben werden. Die Gegenstände dürfen auf keinen Fall naß werden; die Oberfläche darf nur feucht behandelt werden.

● **Wollsachen** und schweißige Strümpfe verfilzen nicht so stark, wenn sie mit essiggesäuertem Wasser nachgespült werden.

● **Wäschestücke mit Schweißflecken** vor der normalen Wäsche in Essigwasser einweichen.

● Vorhänge aus **Kunststoffperlen** lassen sich in warmem Essigwasser reinigen.

● **Fliegenschmutz auf seidenen Lampenschirmen** mit einem kleinen Läppchen und lauwarmem Essigwasser vorsichtig abreiben. Die Farbe der Seide leidet nicht darunter.

Rezept für Möbelpolitur

⅓ Essig
⅓ Terpentin
⅓ Leinölfirnis
zusammen mischen und sehr gut schütteln.
Wie mit jeder anderen Möbelpolitur arbeiten: zuerst mit einem weichen Tuch auftragen und gut trocken wischen. Mit einem weichen und trockenen Tuch nachpolieren. (Vorsicht! Terpentin nicht in der Nähe von offenem Feuer hantieren, es ist leicht entflammbar)

● **Aufkleberreste** kann man mit Essig entfernen. Mehrmals mit Essig anfeuchten, einwirken lassen und dann abreiben.

● Wenn Sie zu viel Waschpulver in die **Waschmaschine** gegeben haben und sie überschäumt, geben Sie einen Schuß Essig in die Maschine.

● **Waschmaschine** von Kalk- und Seifenrückständen reinigen: 4 Liter Essigwasser (ca. ⅓ Essig, ⅔ Wasser) in die Maschine geben und den Hauptwaschgang bei 95° Celsius wählen. Ein Spülgang danach genügt, und die Maschine ist blitzblank.

● So kann man bei **Dampfbügeleisen** Kalkablagerungen entfernen: 1 Teelöffel Wasser und 1 Teelöffel Essig einfüllen, einige Minuten dampfen lassen, das Bügeleisen abschalten, 1 Stunde ziehen lassen, entleeren und nachspülen. Die Kalkreste auf dem Bügeleisen sofort mit Essigwasser abreiben. Dann können sich keine Krusten bilden.

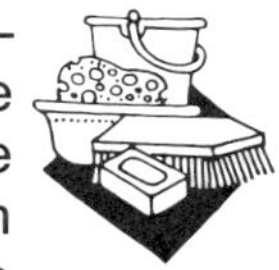

Ganz einfache Brauselimonade

Auf 1 Glas Wasser oder verdünnten Obstsaft gibt man 1 Eßlöffel Essig, 1-2 Stückchen Zucker und zum Schluß ½ Teelöffel Natron. Diese Limonade ist stark schäumend.

● **Bügeleisen** reinigen: Den Boden des Bügeleisens mit einem Gemisch aus Salz und Essig bestreichen und mit einem sauberen Tuch abreiben.

● Wassersteinränder an **Blumenvasen** kann man leicht entfernen, wenn man sie mit warmem Essig ausschwenkt.

● **Thermosflaschen** sollten offen aufbewahrt werden. Der muffige Geruch von verschlossenen Thermosflaschen verschwindet sofort, wenn sie mit gut warmem, verdünntem Essig ausgespült werden.

● **Steingut- und Töpfe aus Ton,** die nach langem Stehen einen dumpfen Geruch angenommen haben, werden mit heißem, verdünntem Essig durchgespült.

● Mit zwei Tropfen Essig – 1 Tropfen pro Glas – können Sie Ihre **Brille** reinigen.

● **Tinte** wird nicht mit Wasser sondern mit Essig verdünnt.

● **Fliegen und Insekten** können Sie aus der Küche vertreiben, wenn Sie dem Putzwasser etwas Essig zusetzen.

● **Fliegen und Insekten** meiden Spiegel und Fensterscheiben, wenn man das Fensterleder in verdünnten Essig taucht und Scheiben und Spiegel damit einreibt.

● **Milchglasscheiben** reinigen: dafür rühren Sie einen Brei aus Essig und grobem Salz an und reinigen damit die Scheiben. Mit klarem Wasser nachwaschen. Das Salz entfernt den Schmutz schonend aus den Vertiefungen, und der Essig löst auch Kalkablagerungen.

● Sprays und Duftsprays in der **Toilette** können Sie vergessen, wenn der Boden der Toilette regelmäßig mit Essigwasser aufgewischt wird.

● Erscheint Ihnen Ihr **Küchenboden** nach dem Putzen zu stumpf, dann geben Sie 1 Tasse Essigessenz in einen Eimer frisches Wasser und wischen noch einmal auf.

● **Messing und Kupfer** werden blitzblank: Käufliche Mittel setzen sich in den Vertiefungen fest und erfordern deshalb viel Kraft beim Reiben und Blankputzen. Rühren Sie einen Brei aus Salz und Essig an, verteilen Sie ihn auf dem Gegenstand. Nach einigen Minuten abspülen und mit einem Ledertuch trocken reiben.

● **Tauchsieder** werden wieder schön blank, wenn man sie kurz in Essigwasser aufkocht. Zum Entkalken über Nacht in Essigwasser stellen oder in einer kräftigen Salz-Essig-Lösung aufkochen.

● **Streusalz** an **Stiefeln und Schuhen** mit einer Wasser-Essig-Lösung zu gleichen Teilen behandeln.

Caravan im Winter

Ihren Caravan sollten Sie richtig auf seinen Winterschlaf vorbereiten:

● *Alle Stützen herunterdrehen und die Räder entlasten.*

● *Polster entfernen oder hochkant im Wagen aufstellen.*

● *Die Zwangsbelüftung darf auch bei größter Kälte nicht geschlossen werden, denn dann wird's im Caravan muffig!*

● *Die Wasserleitungen müssen gereinigt und mit Essigwasser durchgespült werden. Dadurch werden Kalkablagerungen verhindert.*

● *Die Gasflasche vom Bordnetz trennen.*

● *Stellen Sie eine offene Schüssel mit vier Pfund trockenem Salz im Caravan auf. Salz bindet die Luftfeuchtigkeit.*

● Ein **Bettinlett** verschießt nicht und bleibt leuchtend in der Farbe, wenn man es 12 Stunden vor dem Einfüllen in eine Lösung aus 3 l Wasser, 2 Wassergläsern voll Haushaltsessig und einem eigroßen Stück Alaun legt.

● **Obstflecken** in nicht kochfesten Geweben werden mit Essigessenz beträufelt und in einer lauwarmen Seifenlauge gewaschen.

● **Wäsche** wird weich, wohlriechend und fusselt auch nicht, wenn man 1 Tasse Essig in den letzten Spülgang gibt.

● **Wolljacken** und alle **wollenen Strickwaren** bleiben länger farbenfrisch, wenn dem letzten Spülwasser reichlich Essig zugesetzt wird.

● **Farbempfindliche Stoffe** werden am besten und schonendsten mit Seifenflocken gewaschen. Einige unserer heute käuflichen Mittel enthalten optische Aufheller. Das vertragen farbempfindliche Stoffe nicht. Ein wenig Essig im Spülwasser frischt die Farben wieder auf.

● **Versengte Stoffe:** falls das Gewebe durch die Hitze nicht durchlöchert worden ist, kann man die versengten Stellen beseitigen, wenn man sie sofort mit Essigwasser einreibt.

● **Glanzflecken** auf der Kleidung sind häßlich. Sie verschwinden durch Bürsten mit Essigwasser.

● **Wolle dämpfen:** die Farben Ihrer Wollsachen werden frischer, wenn Sie dem Wasser zum Befeuchten des Dampftuches einen Schuß Essig zugeben.

Ein Riechfläschchen

(Ist auch geeignet für Einreibungen der Schläfengegend für Ohnmachtsanfällige)
Geben Sie folgende Kräuter und Gewürze in eine Flasche:
10 Gramm Minzenblätter
10 Gramm Rosmarinblätter
10 Gramm Lavendelblüten
10 Gramm Zimtrinde
Übergießen Sie alles mit 200 Gramm starkem Weinessig.

3 mal raus mit den Fliegen:

- *Lassen Sie von Zeit zu Zeit einen Tropfen Essig auf der heißen Kochplatte verdampfen oder stellen Sie auf den Fensterbänken Teller mit Essigwasser auf!*
- *Verdunkeln Sie das Zimmer bei geöffnetem Fenster und lassen einen schmalen Lichtspalt im Rolladen! Die Fliegen verlassen unmittelbar den Raum und fliegen hinaus zum Licht.*
- *Machen Sie Durchzug. Die Fliegen mögen keinen Durchzug und verlassen die Wohnung.*

- Um zu verhindern, daß **beim Bügeln bunter Stickereien** nichts abfärbt, breitet man ein weißes, mit Essigwasser benetztes Tuch auf die linke Seite der Stickerei und bügelt mit heißem Eisen so lange, bis es trocken ist.
- Unsaubere **Handbürsten** sind unappetitlich und unhygienisch. In kaltem Essigwasser werden sie gründlich sauber. Die anhaftenden Seifenreste werden vom Essig aufgelöst.
- **Zahnbürsten** legt man alle 14 Tage in Essigwasser. Dadurch werden die Borsten vollständig gereinigt. Die Zahnbürsten bekommen so auch längere Haltbarkeit.
- Sind **Aluminiumtöpfe** innen dunkel geworden, kocht man eine Wasser-Essig-Mischung (1:1) darin auf.
- Kalkablagerungen an **Kacheln** verschwinden, wenn man sie mit unverdünnter Essigessenz abreibt.
- Den Kalkrand um die **Armaturen** kann man über Nacht beseitigen. Ein Tuch in einer Essigessenz-Lösung aus 1 Teil Essigessenz und 2 Teilen Wasser tränken und um den Wasserhahn legen. Nach 12 Stunden sind die Armaturen sauber.
- Stark verkalkte Siebe von **Wasserhähnen** und **Brauseköpfen** lassen sich durch Essig mühelos reinigen. Man legt sie einige Stunden in Essig.
- **Kesselstein in Wasserkesseln** wird folgendermaßen entfernt: man kocht Essigwasser (⅔ Essig und ⅓ Wasser), dem man noch 1 Teelöffel Salz beigibt, in dem zu reinigenden Gefäß auf und läßt dann die Flüssigkeit über Nacht darin stehen.

Kosmetik und Körperpflege

● Regelmäßiger Genuß von Obstessig (möglichst morgens 1 Eßlöffel Obstessig mit 1 Teelöffel Bienenhonig in einem Glas Wasser oder Sprudel) sorgt für den notwendigen **Säure-Basen-Ausgleich** in unserem Körper.

● **Gesicht, Hals** und **Kopfhaut** erfrischen: etwas verdünnten Obstessig auf einen Schwamm oder Wattetupfen träufeln und die gewünschten Partien behutsam abreiben. Zum Einreiben ist nicht unbedingt eine Verdünnung mit Wasser notwendig. Man kann Obstessig nach dem persönlichen Empfinden anwenden und dosieren. Sollte man doch verdünnten Obstessig vorziehen, dann ist eine Mischung aus ⅓ Obstessig und ⅔ Wasser ratsam.

● Ein anregender **Badezusatz** sind 2–3 Tassen Obstessig auf eine normale Badewanne. Fette und unreine Haut kann man wirksam mit sogenannten **sauren Bädern** behandeln. Essig- und Zitronenbäder wirken erfrischend und reinigend, adstringierend, desinfizierend und entfetten auf schonende Weise die Haut.

● Bei **rauhen Händen:** Essig macht die Hände zart. Durch Zement und andere alkalische Stoffe werden sie ausgelaugt und spröde. Die Hände in Wasser waschen, dem ein kräftiger Schuß Essig zugegeben wurde. Dann bildet sich das natürliche Hautfett in kurzer Zeit wieder zurück.

● Auch bei **feuchten Händen** können Handbäder in lauwarmem Essigwasser helfen. Auf 1 l Wasser gibt man 3 Eßl. Obstessig und badet darin die Hände.

● Ein **Essig-Zitronen-Bad** klärt und reinigt die Haut und ist sehr erfrischend. Man gibt 3 kleingeschnittene Zitronen in ein Porzellangefäß, übergießt sie mit einem halben Liter Obstessig und läßt alles ungefähr 2 Stunden zugedeckt ziehen. Dann kann die abgesiebte Flüssigkeit ins heiße Badewasser gegeben werden. Man sollte auch die Zitronenstückchen ins Badewasser hängen. Gießt man die Flüssigkeit sofort durch ein kleines Beutelchen, kann es anschließend gleich ins Badewasser gehängt werden.

Hausmittel und Hochkultur

Die Mumien der alten Ägypter sind auch heute, nach mehreren tausend Jahren, noch nicht verwest. Um das zu erreichen, wurden die Toten sehr sorgfältig behandelt. Durch einen Schnitt in der Bauchwand entfernte man die Eingeweide. Wohlriechende Kräuter, kostbare Öle und andere edle Stoffe kamen an deren Stelle. Danach wurde der Leichnahm 70 Tage in Natron gelegt. Das Natron entzog der Haut und dem Fleisch die Flüssigkeit. Anschließend umwickelte man die Gliedmaßen sorgfältig mit feinen Baumwollbinden. Man fing bei den einzelnen Fingern an, dann kamen die Arme und schließlich der ganze Körper. Die Baumwollbänder waren vorher in Öle und wohlriechende Lösungen getaucht worden.

- Erfrischend und belebend wirkt auch eine **Abreibung mit Obstessig,** ehe man unter die Dusche geht. Mit einer Mischung aus ½ l Wasser und 3 Eßl. Obstessig reibt man sich vorher kräftig ab.
- **Gurgelwasser** bereitet man aus Wasser mit einem Schuß Essig.
- Eine Alternative zum Gebrauch käuflicher **Deodorantien:** Die Achselhöhlen mehrmals täglich mit lauwarmem Essigwasser waschen. Dabei eine Mischung aus einem Viertel 5%igem Essig und 3 Vierteln Wasser benutzen. Auch Waschungen mit Kamillentee wirken geruchbindend.

Viel hilft viel

Werden Sie von Warzen geplagt, so bestreichen Sie die Warzen mit Essigessenz. Es gibt auch noch ein anderes Mittel. Man nehme Mehl und Essig und mache daraus einen Brei, bestreiche die Warze und verbinde mit einem Stückchen altem Leinen. Sollte die Wirkung ausbleiben, so wäre es verkehrt, das andere nicht zu versuchen: man besorge sich die Rinde junger Nußbaumäste, zerstoße sie in einem Mörser und mache einen Brei mit Essig.

Es wäre verkehrt, nicht auch noch andere Mittel zu versuchen: durch geduldiges Probieren kann man das richtige herausfinden. Infrage kämen auch Arnikatinktur, Eichenbaumrinde oder auch der frische Saft der Ringelblume. Auch reibe man die Warze mit einer Knoblauchzehe oder einer Zwiebel.

● Ein fettfreies, ganz billiges **Sonnenschutzmittel** für empfindliche Hauttypen wie Rothaarige und Blonde, deren Haut nur mühsam und langsam braun wird: Reiben Sie Ihren Körper im Schatten mit Weinessig ein und gehen Sie erst in die Sonne, wenn die Haut ganz trocken ist. Wer sich an der Luft bewegt, trocknet viel schneller. Nach fünfminütiger Sonnenbestrahlung zurück in den Schatten und die Weinessigbehandlung mindestens noch einmal genauso wiederholen. Der Erfolg ist verblüffend, und es gibt keinen Sonnenbrand.

Haarpflege preiswert

Man verdünne 1 Glas Essig (Wein- oder Obstessig) mit 2 l lauwarmem Wasser und spüle darin die Haare. Verdünnt man den Essig nicht stark genug, bleibt der Essiggeruch im Haar. Mit dieser Essigspülung erhält das Haar einen wunderbaren Glanz und sieht sehr gepflegt aus. Zitrone hat dem Essig gegenüber den angehmen Duft als Vorteil, die Wirkung ist ansonsten dieselbe.

● Das **Ergrauen der Haare** kann man verzögern, wenn man bei der Haarwäsche regelmäßig dem letzten Spülwasser etwas Essig zufügt.

● **Fettiges Haar** einmal wöchentlich waschen, dabei starkes Massieren der Kopfhaut vermeiden und dem letzten Spülwasser 3 Eßlöffel Essig zufügen.

● **Stumpfes Haar** bekommt durch eine Essigspülung wieder Glanz.

● **Haarausfall** kann durch leichte Obstessigmassagen verringert oder sogar gestoppt werden.

● Auch gegen **Kopfjucken** helfen leichte Obstessigmassagen.

● Gegen **Haarschuppen** sind Massagen mit Obstessig ausgezeichnet. Schon nach einigen Wochen wird sich eine Besserung zeigen, wenn Sie die Obstessigmassage nach jeder Haarwäsche durchführen.

Kampf dem Haarausfall

200 Gramm Brennesselwurzeln, ½ l Essig, 1 Liter Wasser, zusammen ca. ½ Stunde kochen, abkühlen lassen und filtern. Mit diesem Mittel öfter den Haarboden einreiben.

Hausmittel und Medizin

● Obstessig ist bekannt als Volksheilmittel gegen hohe **Blutfettwerte.** Obstessig nützt dem Übergewichtigen aber nur dann, wenn er ihn an Stelle einer fettreichen Mahlzeit zu sich nimmt. Eine direkte Wirkung auf den Stoffwechsel hat Obstessig nicht.

● **Nasenbluten** kann durch einen in die Nase gesteckten, essiggetränkten Wattebausch rasch gestillt werden.

● **Wunden kleinerer Art** behandelt man mit heißen Essig-Umschlägen. Sie heilen dann rascher.

Wenn die Hexe um sich schießt

Man nehme eine Handvoll Kamillenblüten oder Heublumen, gebe sie in einen Topf, gieße einen Schuß Essig dazu und erhitze diese Mischung im Wasserbad. Heiß in ein Leinensäckchen gefüllt auf die schmerzende Stelle gebracht und mit einem Wolltuch zugedeckt, bringt das rasche und zuverlässige Linderung bei Hexenschuß.

● **Blutergüsse** bessern sich rasch nach kalten Essigumschlägen. Zunächst wickelt man ein wasserdichtes Tuch (Babyunterlage oder notfalls Plastikfolie) und dann ein rein wollenes Tuch darüber und läßt die feuchte Wärme einwirken.

● **Verstauchungen** können vorteilhaft mit Essig-Umschlägen behandelt werden.

- **Quetschungen und Prellungen** („blaue Flecken") verblassen rasch wieder und sind weniger schmerzhaft, wenn man sie mit Essig-Umschlägen behandelt.

- **Bettlägerige Kranke** werden erfrischt und liegen auch nicht wund, wenn man sie gelegentlich mit essiggesäuertem, lauwarmem Wasser abreibt. Das härtet die Haut ab und verleiht dem Patienten besonders nach Schweißausbrüchen ein frisches Gefühl.

- Ein altes, bewährtes Hausmittel gegen leichte **Schlaflosigkeit** sind Essigwasserumschläge auf den Leib.

- **Herzbeklemmungen** oder **Herzklopfen, nervöse Unruhe,** werden durch Auflegen von warmen Essigumschlägen auf die Herzgegend meist sehr rasch gemildert oder ganz zum Verschwinden gebracht.

- **Insektenstiche** werden mit kalten Essig-Umschlägen behandelt.

- **Mückenstiche müssen nicht jucken,** wenn man sie mit einem Gemisch aus Essig und Salz betupft.

- Ein bewährtes Mittel gegen **Sonnenbrand** aus den Tropen: auf die heißen Stellen werden essiggetränkte Tücher aufgelegt. Apfel- oder Obstessig eignet sich besonders gut.

- Bei **Heuschnupfen** Wasser mit einem guten Schuß Essig in einem Gefäß erhitzen, das Gesicht darüber halten, ein Frotteetuch über den Kopf stülpen und die heißen Dämpfe einatmen. Zwar beseitigen diese Essigdampfbäder das Übel nicht, aber sie verschaffen eine erhebliche Erleichterung.

- **Keuchhusten und Bronchialkatarrh** kann man durch Einatmen von Essigdämpfen lindern.

- Eine Erleichterung für **Asthma-Leidende** ist das Einatmen von Essig-Dämpfen. 1 bis 2 Gläser Essig in einen Topf mit kochendem Wasser schütten, den Kopf mit einem Tuch verhängen und die Dämpfe einatmen.

- **Hexenschuß** und **Gichtschmerzen** werden durch Auflegen von heißen Essig-Umschlägen behandelt. Der Essig regt den Blutkreislauf an und durchwärmt die betroffenen Körperstellen, wodurch meist rasch eine Besserung eintritt.

● Bei **Rheuma- und Kreuzschmerzen** schaffen Kampferspiritus oder Kampferöl Erleichterung. Waschungen mit Angelikaabsud, dem man ein wenig Essig zusetzt, werden als wohltuend empfunden.

● Bei **Juckreiz** jedweder Ursache verdünnten Essig über die befallenen Stellen streichen. Er läßt dann nach oder verschwindet ganz.

Umschläge bei Prellungen

Ein Sud für Umschläge wird folgendermaßen zubereitet: Geben Sie in einen Topf 250 Gramm Rotwein und 200 Gramm Weinessig, die Sie bis zum Siedepunkt erhitzen. Dann fügen Sie 50 g Petersilie (die ganze Pflanze mit Wurzeln, Stengeln und Blättern) hinzu und lassen alles zugedeckt ca. 15 Minuten ziehen. Viermal täglich warme Umschläge machen, den Umschlag nicht trocknen lassen, sondern auch zwischen dem Umschlagwechsel von der Flüssigkeit auf den Umschlag träufeln. Er muß immer feucht sein.

● **Hautpilz** kann man mit Essig behandeln. Es wird bald eine deutliche Besserung eintreten, wenn man die betroffenen Stellen jeden Tag mit Essig einreibt.

● **Frostbeulen** werden durch tägliche heiße und kalte Wechselbäder mit stark essiggesäuertem Wasser behandelt. Bald lassen dann Schmerz, Juckreiz und Schwellungen nach.

● **Verstopfte Nase:** ein Pfännchen 5 cm tief mit Apfelessig füllen, langsam verdampfen lassen und dabei die Dämpfe durch die Nase einatmen.

● **Entzündetes Zahnfleisch:** jeden Morgen und Abend den Mund mit 1 Glas Wasser spülen, dem man einen Teelöffel Apfelessig zufügt. Diese Maßnahme kann jedoch eine zahnärztliche Behandlung nicht ersetzen.

- Gegen **Schlaflosigkeit** in einem Glas Wasser 2 Teelöffel Apfelessig und 2 Teelöffel Honig vermischen und vor dem Schlafengehen trinken. Ein zweites Glas mit Apfelessig und Honig neben das Bett stellen. Falls man in der Nacht aufwachen sollte, davon trinken.
- Gegen **Durst** bei heißem Wetter während jeder Hauptmahlzeit 2 Teelöffel Apfelessig in einem Glas Wasser trinken.
- Bei **Heiserkeit und Hustenreiz** vermischen Sie 1 Teelöffel Apfelessig in einem Glas Wasser, nehmen Sie stündlich davon einen guten Schluck, mit dem Sie gurgeln, und einen zweiten Schluck, den Sie nach dem Gurgeln trinken.
- Bei **Kehlkopfentzündung** 1 Teelöffel Apfelessig in einem ½ Glas Wasser vermischen und während sieben Stunden alle 30 Minuten schluckweise trinken.

Ein blutstillendes Mittel, selbst gemacht

½ Tasse Apfelessig
1 Tasse Wasser
2 Teel. Weinsteinpaste

Die Paste mit dem Wasser vermischen und dann den Apfelessig dazugießen. Alles gut schütteln. Die Lösung wird mit einem Wattebausch aufgetragen. Vor Gebrauch muß die Lösung immer gut geschüttelt werden.

Balkon und Garten

- Bemooste und verschmutzte **Blumentöpfe** aus Ton bekommen wieder luftdurchlässige Poren, wenn man sie kräftig mit schwachem Essigwasser bürstet und gut nachspült. Auch häßliche Kalkflecken auf Blumentöpfen verschwinden durch Abreiben mit Essig.
- **Schnittblumen** bleiben länger frisch, wenn das erste Blumenwasser Zimmertemperatur hat, sobald die Blumen in die Vase kommen. Vorher sollten Sie 2 Eßlöffel Essig und 2 Eßlöffel Zucker mit dem Wasser vermischen.
- **Krebs an Obstbäumen** kann mit Holzessig bekämpft werden.
- Auch **Harzfluß an Steinobst** läßt sich mit Holzessig ausrotten.

Zitrone

Zitronenbäume wachsen nur an auserwählten Plätzen des Mittelmeerraumes. Eine Zitrone liefert etwa 30 bis 35 g Saft, der bis zu 7-8% Zitronensäure enthält. Hat die Frucht Kerne, dann sind sie bitter. Es gibt jedoch überwiegend kernlose Zitronen. Die Zitrone ist ein guter Vitaminträger. Bei allen Zitrusfrüchten befindet sich das aromatische Öl in kleinen Säckchen, die die äußerste gelbe oder orangefarbene Schale bilden.
Die Zitrone ist in der Küche unentbehrlich. Zu süßen und pikanten Speisen verwendet man Saft, Schale oder beides. Der Saft verfeinert Saucen und Mayonnaisen, kann in Salaten den Essig ersetzen und dient zum Abschmecken von Fisch- und Fleischgerichten. Die Zitrone ist auch ein unentbehrliches Hilfsmittel im Haushalt, bei Krankheit, und auch als Schönheitsmittel hat sie sich bewährt.

Einige allgemeine Hinweise

- *Für Speisen keine Schale von gespritzten Zitronen verwenden!*
- *Das eigentliche Aroma befindet sich in der Schale. Man kann sie in Kuchenteige raspeln oder in Kompotten, Fischsud und Saucen mitkochen.*
- *In der Kranken- und Kinderkost wird Zitrone anstelle von Essig verwendet.*
- *Feinschmecker pressen erst den Saft der Zitrone aus, nachdem sie die Frucht sorgfältig von ihrer Schale, ihrem „Weiß" und von ihren Kernen befreit haben.*
- *Wegen der Säure in ihren Früchten und der Wirkung ihrer Essenzen in der Schale ist Zitrone – mit Ausnahme der Blätter – für Gichtkranke, Rheumakranke und Menschen, die an Nierenbeschwerden leiden, nicht geeignet.*
- *Angeschnittene Zitronen hält man frisch, wenn man sie mit der Schnittfläche auf eine Untertasse legt, die mit Essig befeuchtet ist.*

● *Noch nicht ganz reife Zitronen, also Exemplare, die noch grünliche Stellen haben, einige Tage liegenlassen und dann vor dem Gebrauch zwischen den Händen oder auf dem Tisch mit leichtem Druck hin- und herrollen. Sie geben dann mehr Saft.*

● *Brauchen Sie nur einige Tropfen des Saftes, dann stechen Sie die Frucht mit einem Zahnstocher an und schließen die Öffnung dann mit Tesafilm.*

Unbeliebte Mitbewohner

Ameisen vertreiben Sie aus der Küche, wenn Sie auf dem Fensterbrett Zitronenscheiben auslegen. Oder Sie stellen Tomatenpflanzen auf. Bei manchen Ameisenarten hilft auch ein einfacher Strich, den Sie mit Schulkreide quer über die Kriechstraße ziehen.

● *Benutzen Sie nur Zitronenpressen aus Glas oder Porzellan. Plastik wird von der Zitronensäure angegriffen und schadet der Gesundheit.*

● *Ein wenig vertrocknete oder verschrumpelte Zitronen, die schon länger gelegen haben, werden saftiger, wenn man sie vor dem Gebrauch kurze Zeit in heißes Wasser legt (jedoch nur ungespritzte, da die Konservierungsstoffe in die Zitrone einziehen würden!).*

● *Beim Einkauf beachten: Zitronen mit kleinporiger Schale sind sehr saftig, die mit großen Poren haben eine sehr dicke Schale und weniger Saft.*

● *Frische Zitronen haben eine glänzende, alte eine matte Schale.*

● *Zitronen kann man 3 bis 4 Monate lang frisch halten, wenn man sie in einen Karton mit feinem getrockneten Sand so hineinlegt, daß sich die Früchte nicht gegenseitig berühren. Der Karton muß dunkel und kühl gelagert werden.*

● *Zitronen halten sich auch lange frisch, wenn man sie – so machten es unsere Großmütter – in Birkenreisern aufbewahrt. Man besorge sich einen Besen aus Birkenreisern, stelle ihn umgekehrt mit dem Stiel auf den Boden in den Keller und lege in das Reisig die Zitronen so, daß sie sich nicht gegenseitig berühren.*

● *Zitronensaft kann man im Eiswürfelbecher einfrieren, die Würfel in einem Beutel oder Gefäß im Eisschrank lagern und bei Bedarf verbrauchen. Sie eignen sich bestens zur Zubereitung von gesunden Getränken: der Eiswürfel kühlt, während er auftaut, gleichzeitig das Getränk.*

● *Wer keinen Kühlschrank hat, kann Zitronensaft in kleine Flaschen füllen und oben eine dünne Schicht Speiseöl darauf geben. Bei Bedarf die Ölschicht mit einem Wattestäbchen entfernen, für Salatsoßen jedoch auch das Öl verwenden.*

● *Von Zitronenschalen wird nur die gelbe, äußere Schicht zum Verzehr verwendet. Man kann sie schneller abreiben, wenn man die Zitronenschalen vorher im Gefrierschrank hart werden läßt.*

Rezept von Nostradamus, der nicht nur die Sterne beobachtete:

Lust auf Liebesleben

Tee aus: 10 g Salbei
8 g Bohnenkraut
5 g Minze

● *Damit beim Abreiben von Zitronenschalen nicht zu viel an der Reibe hängen bleibt, sollte man diese vorher mit etwas Öl einpinseln. Das letzte Krümchen Schale kann man verbrauchen, wenn man Würfelzucker nachreibt. Oder: wenn Sie ein Pergamentpapier auf die Reibe legen und dann erst raspeln, läßt sich auch der letzte Rest mit einem Messerrücken leicht abnehmen.*

● *Zitronen kann man gut mit dem Kartoffelschäler schälen und dann in einer Knoblauchpresse zerkleinern.*

● *Die dünnen Zitronenschalenschnitzel eignen sich vorzüglich zum Würzen von Obstkaltschalen, Puddingen etc. Man gibt die Zitronenschalenschnitzel in ein Schraubglas, bedeckt sie mit Zucker, schüttelt das Glas kräftig und bewahrt es verschlossen im Kühlschrank auf.*

● *Aus den dünnen Zitronenschalen läßt sich ebenfalls ein flüssiger Extrakt herstellen. In Wasser bei mäßiger Hitze zusammen mit Zucker ziehen lassen, durchsieben und in einer Flasche mit gutem Verschluß im Kühlschrank aufbewahren.*

● *Zitronen und Apfelsinen werden schmackhafter, wenn sie in die Sonne oder in Ofennähe gelegt werden. Sie geben dann auch viel mehr Saft.*

● *Zitronensaft, als Gewürz in Suppen oder Saucen verwandt, darf nicht mitkochen. Erst kurz vor dem Anrichten abschmecken.*

Die andere Wärmflasche

Wenn die Kirschenzeit da ist, tue die Hausfrau gut daran, die Kirschsteine beim Einmachen nicht alle wegzuwerfen. Sie geben ein sehr gutes Wärmekissen. Die Kirschsteine sollen gut gewaschen und dann getrocknet werden. Man nähe sie alsdann in einen Leinenbeutel, der fest verschlossen sein muß. Kirschsteine halten viel länger die Wärme als eine Kruke. Man kann sie immer parat halten, wenn man die Säckchen entweder auf dem Herd oder in der Ofenröhre warm hält.

Küche

● Apfelsinen- und Zitronenschalen (ungespritzt!) kann man als **Kuchen-, Braten- und Suppengewürz** gebrauchen. Ehe Sie die ungespritzte Apfelsine oder Zitrone verwenden, reiben Sie die Oberschicht und nicht den weißen Pelz der Schale auf dem Reibeisen ab, trocknen sie und bewahren sie in einem luftdichten Schraubglas auf. Vor Gebrauch können Sie — müssen aber nicht — die Schale in etwas Wasser aufwärmen. Sie können auch die Früchte halbieren und die ganze Schale trocknen. Damit sie nicht schimmeln, ein paar Körnchen Salz in die feuchte Innenhälfte geben. Später nur die ganz dünne Oberfläche der getrockneten Schale auf dem Reibeisen abreiben. Schalen ohne Pelz fein wiegen, mit Zucker vermischen und in einem Schraubglas aufbewahren. Später können Sie dann die Schalen in dem jeweiligen Gericht belassen (z.B. Quarkspeise mit Nüssen usw.).

Geheimtinten

- *Zitronensaft ist Geheimtinte, die braun erscheint. Den Saft vorher durch ein Tuch sieben, damit keine Fruchtstückchen in der Tinte bleiben. Durch Wärme verfärbt sich der Zitronensaft auf dem Papier, und alles wird lesbar.*
- *Zwiebelsaft ist Geheimtinte, die schwarz erscheint. Die Zwiebeln auf einer Küchenreibe ganz fein zu Mus reiben und dann durch ein Tuch drücken. Die Geheimtinte wird durch Wärme wieder sichtbar.*
- *Weinessig ist Geheimtinte, die rot erscheint. Sie wird durch Wärme wieder sichtbar.*

Was man immer beachten sollte:

- *mit normaler Feder oder zugespitztem Holzstäbchen auf normalem Schreibmaschinen- oder Briefpapier schreiben, das Papier darf nicht zu glatt sein;*
- *die mit der Geheimtinte aufgetragene feuchte Schrift verschwindet, wenn sie trocken ist;*
- *um die Geheimtinte wieder sichtbar zu machen, muß man das Papier erwärmen, z.B. gegen eine Glühlampe halten, in einigem Abstand über eine warme Herdplatte bringen oder mit einem Bügeleisen erwärmen.*

- Bei **Salaten:** Wenn Sie Zitronensaft statt Essig zum Anmachen nehmen, welkt der Salat nicht so rasch.
- Sind die Früchte für **Kompott** etwas geschmacklos, kann man sie mit Zitronenaroma verbessern. Für Birnen- oder Apfelkompott nimmt man dann Zitronenschalen. Auch Pflaumen bekommt das Zitronenschalenaroma gut. Ist ein Kompott zu süß geraten, kann man Zitronensaft zugeben.
- Bei **Eierschnee** beachten: kalte Eier lassen sich besser schlagen als warme. Eischnee von eingelegten Eiern wird rasch steif, wenn man beim Schlagen etwas Zitronensaft zufügt.

● **Fisch** wird fester, weißer, würziger und zerfällt nicht so leicht, wenn man ihn nach dem Säubern reichlich mit Zitronensaft (oder Essig) beträufelt. Nicht eher als 15 Minuten vor dem Braten oder Kochen beträufeln (bei Fischfilets) und nicht früher als 30 Minuten für ganze Fische, da sonst dem Fischfleisch zu viel Saft entzogen wird.

● **Fischgerichte** sollten mit frischen Zitronenspalten angerichtet werden. Man kann sich dann noch Zitrone aufträufeln, nach individuellem Geschmack. Es sieht sehr hübsch aus, vor allem mit einem Sträußchen Petersilie.

● Gegen **Fischgeruch:** Vor allem bei Seefisch nach gründlichem Waschen den Fisch einige Minuten in heiße Milch legen und innen und außen mit Zitrone abreiben. Wenn man sich diese Mühe macht, ist kaum noch Fischgeruch vorhanden.

● **Champignons** behalten ihre helle Farbe, wenn man sie während des Säuberns und beim Kochen mit Zitronensaft benetzt.

● **Knollensellerie** wird nicht braun, wenn er zunächst mit einer Bürste und Wasser gesäubert und mit der Schale in gesalzenem Wasser gekocht wird. Erst danach schälen und in Essig- oder Zitronenwasser legen.

● **Eingelegte Oliven** bewahrt man vor dem Verderben und vor Schimmel, indem man eine hauchdünne Zitronenscheibe auf die Früchte legt. Die Lake darf aber auf keinen Fall vorher abgegossen werden. So halten sich Oliven im Kühlschrank wochenlang frisch.

● Speisen, die leicht **braun anlaufen,** wie beispielsweise angeschnittene Äpfel, Birnen, geschälte Bananen usw., bleiben schön weiß, bis man sie braucht, wenn sie sofort mit Zitronensaft beträufelt werden.

Was Motten nicht mögen

Zitronenschalen getrocknet und in kleinen Mullsäckchen in den Schrank gehängt, sind ein ausgezeichnetes Mittel gegen Motten.

Beim **Birnen- und Äpfeleinmachen:** Das geschälte Obst kurz in schwaches Zitronenwasser legen. Es bleibt dann schön weiß.

● Kleine **Gebäckstücke aus Mürbeteig** werden besonders locker, wenn man die Eier mit etwas Zitronensaft verquirlt.

● **Kakao** wirkt zuweilen stoffwechselhemmend und führt zu Verstopfung. Kocht man Ihn jedoch mit Wasser und gibt etwas Zitronensaft dazu, wird dieser Nachteil behoben.

● Will die **Schlagsahne** nicht steif werden, dann fügt man unter ständigem Rühren ein paar Tropfen Zitronensaft hinzu. Außerdem sollte Schlagsahne erst ganz zum Schluß mit Puderzucker gesüßt werden.

Wenn Ameisen nicht weichen wollen

● *ein Schälchen mit einer Mischung aus Seifenlauge und Zuckerwasser aufstellen*

● *leicht angeschimmelte Zitronen auf die Kriechstraße legen*

● *Backpulver auf die Kriechstraße streuen*

● *eine Mischung aus neun Teilen Spiritus und einem Teil Kampfer über den Ameisenhaufen gießen*

● *mit einem langen Stock einen Gang in den Ameisenhaufen bohren und kochendes Seifenwasser in diesen Gang gießen*

● *eine Mischung aus ⅔ Honig und ⅓ Hefe hinstellen – die Brut geht daran zugrunde.*

Haushalt

Fischgeruch an Bestecken läßt sich mit einer halbierten Zitrone wegreiben. Hände mit Zitronensaft oder Kaffeesatz waschen.

● Auf **Blaubeerflecke** wird Zitronensaft aufgeträufelt, dann auswaschen, oder das Stück in saurer Milch einweichen und anschließend mit lauwarmem Wasser auswaschen. Bei einem blaubeergefärbten Mund sofort nach dem Essen Lippen und Zähne mit Zitronensaft abreiben.

● Aus Baumwolle und Weißwäsche werden **Grasflecke** mit sehr heißem Wasser ausgerieben und wie üblich gewaschen. Vorsicht: empfindliche Stoffe dagegen dürfen nicht mit heißem Wasser behandelt werden.

● Flecken von **Kugelschreibern** und **Filzschreibern** werden mit einem Tuch abgerieben, das in Zitronensaft oder 90%igen Alkohol getaucht wurde.

● **Rostflecken** auf weißen Stoffen mit Zitronensaft beträufeln, den Flecken dämpfen, d.h. über einen Topf mit kochendem Wasser halten, und dann das Kleidungsstück wie gewohnt waschen. Hat alle Mühe nichts gebracht, den Flecken mit dem Saft einer reifen Tomate abwaschen und anschließend in der Sonne trocknen lassen. Dann in Seifenwasser waschen.

● **Schwämme** kann man mit einer kleingeschnittenen Zitrone entlaugen.

● Wie man **Messing** reinigt: 1 halbierte Zitrone in Salz tauchen, damit das Messing kräftig abreiben, danach gründlich abspülen und mit einem weichen Tuch trocken reiben.

● **Marmor** läßt sich auffrischen, wenn man Zitronensaft mit irgendeinem Putzpulver (es darf aber nicht grob sein, da es sonst Schrammen hinterlassen würde) vermischt. Anschließend mit Wasser nachbehandeln und gut nachspülen.

● Flecken auf **Marmor** nie mit Scheuerpulver oder anderen kratzenden Mitteln reinigen. Die Oberfläche wird sonst stumpf und matt. Flecken entfernt man nur mit Zitronensaft.

● Bei **Kalkablagerungen** Wattestäbchen in reinem Zitronensaft tränken und damit Kalkablagerungen an Waschbecken, Badewannen und Armaturen entfernen.

● Eine ausgepreßte, halbe Zitrone als einen **Ein-Weg-Putzlappen** verwenden. Man kann damit z.B. Silberlöffel, die durch Eigelb fleckig geworden sind, wieder blankputzen. Den Löffel durch den Zitronenboden stechen und abreiben.

● Mit Zitronenschalen, die gewöhnlich ungenutzt in den Mülleimer geworfen werden, kann man auch ein **Waschbecken** reinigen und pflegen!

● Blindgewordene Stellen auf **Möbeln,** Türen und dergleichen können durch Einreiben mit einer Mischung aus einem Teil Leinöl und einem Teil unverdünntem Zitronensaft gereinigt werden. Es sollte gut nachgespült werden. Mit der Innenseite der Zitronenschale können Sie Ihren Küchentisch reinigen.

● Soll Ihr **Luftbefeuchter** angenehme Düfte verbreiten, dann geben Sie den Saft einer Zitrone ins Wasser.

● Soll das **Waffeleisen** gereinigt werden, wird es mit Zitronensaft oder einem sauren Apfel eingerieben. Danach kurz warm werden lassen. Damit die Waffeln beim nächsten Backen nicht ansetzen, gibt man für die ersten Waffeln etwas mehr Fett als üblich ins Waffeleisen.

● **Modeschmuck** aus Kupfer oder Messing kann man mit Zitronensaft abreiben. Er sollte anschließend mit Sodawasser nachgespült werden. Getriebenen oder gehämmerten Modeschmuck sollte man allerdings nur mit einem Lederlappen (oder auch Flanell) gut polieren.

● **Gelbgewordenes Elfenbein** reibt man mit verdünntem Zitronensaft ab, dann wird es wieder weiß.

● Soll Ihr **Trockenstrauß** besonders frisch duften, dann geben Sie einige frisch geschälte Zitronenschalen auf den Vasengrund. Ein paar Körnchen Salz überstreuen, dann schimmeln die Zitronenschalen nicht so schnell.

Die Mutter wußte Rat

„Wenn bei Ostwind oder starker Sonnenhitze die Haut aufsprang, hatte meine Mutter das unfehlbare Heilmittel der Zitronenscheibe zur Hand. Es half auch immer."

Theodor Fontane, aus: „Meine Kinder-Jahre"

Kosmetik und Körperpflege

● **Hausfrauenhände** werden wieder sauber, wenn sie mit einer Zitronenhälfte abgerieben werden. Dazu reicht schon eine ausgepreßte Zitronenhälfte. Die Hände möglichst nicht nachspülen, sondern den Zitronensaft einziehen lassen.

● **Feuchte Hände** behandelt man mit einer Mischung aus einem Teil Alkohol und fünf Teilen Zitronensaft. Diese Mischung wird nach jedem Waschen einmassiert. Ab und zu sollten Wechselbäder eingeschaltet werden: 5 Sekunden heiß, 2 Sekunden kalt. Solange das Übel besteht, sollte man keine Lederhandschuhe sondern luftdurchlässige Baumwollhandschuhe tragen.

● **Handcreme** selbst gemacht: Man mische Zitronensaft, Glycerin und Rosenwasser zu gleichen Teilen. Diese Creme pflegt die von der Hausarbeit strapazierten Hände wunderbar. Sind die Hände z.B. von der Gartenarbeit besonders rissig und spröde, diese Creme abends dick auftragen und nachts Baumwollhandschuhe darüberstreifen.

● Weiche **Fingernägel** werden täglich mit Zitronensaft eingerieben. Brüchige Fingernägel dagegen werden abends in heißem Eichenrindentee gebadet und dann mit Lanolinsalbe eingerieben.

● **Gesichtsmaske** aus Eigelb, Zitronensaft und Mandelöl: Man vermischt 1 Eigelb mit einigen Tropfen Zitronensaft und 10 Tropfen Mandelöl. Man läßt sie 10 Minuten einwirken. Diese Maske ist besonders gut für empfindliche Haut geeignet, die hierdurch sehr schön geschmeidig wird.

● Eine **Zitronenmaske** verleiht der Haut ein besonders frisches Aussehen. Man schlägt einen Eischnee zusammen mit Zitronensaft sehr steif, bringt die Masse auf das Gesicht, läßt diese höchstens 5 Minuten einwirken und spült mit lauwarmem Wasser das Gesicht wieder sauber.

● **Mayonnaise-Maske:** Die Mayonnaise möglichst mit Zitronensaft selbst anrühren (kein Fertigprodukt). Schön dick auftragen, mit Alufolie abdecken und 10 Minuten einwirken lassen. Danach gut abtupfen, nicht abwaschen, und schlafen gehen. Das nährt die Haut, besonders nach Sonnenbädern. Wer zu Allergien neigt

(Mayonnaise kann entweder mit Weinessig oder Zitronensaft hergestellt werden), sollte diese Maske vorher an der Armbeuge ausprobieren!

● **Sommersprossen** kann man mit verdünntem Zitronensaft bleichen.

● **Schweißgeruch** verschwindet durch eine Abreibung mit verdünntem Zitronensaft.

● Ein erfrischendes **Bad** erhält man, wenn man das Badewasser über einige Zitronenscheiben laufen läßt.

● Ein natürliches **Zitronenbad** ist sehr erfrischend, es klärt die unreine und fette Haut und wirkt astringierend. Möchte man gleichzeitig ein stärker duftendes Bad nehmen, kann man zusätzlich noch einen Eßlöffel frischer oder getrockneter Zitronenmelisse verwenden. 8 kleinere oder 6 größere, gut gewaschene Zitronen werden mit der Schale in Scheiben geschnitten, in eine Porzellanschüssel gegeben und mit kochendem Wasser übergossen. Vollständig mit Wasser bedeckt und zugedeckt ziehen lassen und anschließend die Flüssigkeit ins heiße Badewasser durch ein Stoffsäckchen abseihen und das Säckchen ins Badewasser baumeln lassen.

● Zitronenkur gegen **fettiges Haar:** Den Saft von zwei Zitronen auf die Kopfhaut auftragen und einmassieren. Anschließend das Haar vorsichtig bis zur Hälfte durchkämmen. Die Haarspitzen dürfen nämlich nicht mit der Zitrone in Berührung kommen, weil sie dadurch austrocknen würden. Den Zitronensaft ungefähr 20 Minuten einwirken lassen und auswaschen.

● Gegen **Alkoholgeruch** aus dem Mund hilft das Essen von Zitronen. Oder Sie trinken den Saft einer Zitrone schluckweise unverdünnt.

● Sollten Sie Speisen mit Zitronensaft oder anderen Säuren zu sich genommen haben, dann warten Sie mit dem **Zähneputzen** mindestens eine halbe Stunde. Die Zähne könnten sonst angegriffen werden.

Aus Großmutters Erfahrungsschatz

- *Pflanzenöl dem Badewasser zugesetzt pflegt die Haut und macht sie seidenweich. Dazu eignet sich jedes Pflanzenöl, z.B. Oliven- oder Sonnenblumenöl. Durch die Zugabe von einigen Tropfen Kräuteröl, z.B. Zitrone oder Rosmarin, bekommt das Bad einen herrlichen Duft.*
- *Badeextrakt wird selbst hergestellt aus ungespritzten Orangen- oder Zitronenschalen: Man legt die zerkleinerten Schalen in Wasser und läßt zwei Tage lang ziehen.*
- *Ein Bad vor dem Schlafengehen, dem man einen Eßlöffel Honig beifügt, beruhigt stark strapazierte Nerven, verleiht guten Schlaf und macht die Haut seidenweich.*
- *Duftendes Hautöl läßt sich ganz einfach und billig selbst herstellen: Man vermischt Babyöl mit einigen Tropfen Parfüm.*
- *Mineralwasser ist ein ausgezeichnetes Hautpflegemittel. Die Haut wird wunderbar erfrischt, wenn man das Gesicht 10 Minuten lang mit in Mineralwasser getränkten Wattebäuschchen betupft.*
- *Sind die Ellenbogen rauh und dunkel, reibt man sie mit einer halbierten Zitrone ein, das macht die Haut wieder hell und sehr geschmeidig.*

Hausmittel und Medizin

- Bei **gerötetem Hals** bzw. einer leichten Angina, kann man sich ein einfaches und wirksames Gurgelwasser selbst herstellen: Heißes Wasser und reiner Zitronensaft werden im Verhältnis 1:1 miteinander vermischt und damit gurgelt man. Sehr hilfreich ist übrigens auch ein Schal aus Wolle, Angora oder Kaschmir. Er sollte 4 Tage lang getragen, während dieser Zeit nicht entfernt werden, auch wenn es kratzen sollte. Gerade das Kratzen erhöht noch die Wirkung.
- Gegen **Halsweh und Schnupfen** gibt es ein alterprobtes Mittel: verdünnten Zitronensaft mit Honig trinken.

● Bei **Fieber:** Wohltuend ist mit heißem Wasser verdünnter Zitronensaft. Hat man keine Zitronen im Hause, kann auch Holunderblütentee mit Honig helfen.

● Bei einer beginnenden **Erkältung** sollte man sofort Fliedertee mit Zitronensaft trinken. Den Saft einer Zitrone in 2 Tassen Fliedertee vermischen.

So einfach ist das

Blendend weiße Zähne erhält man, wenn man sie von Zeit zu Zeit mit einer ungespritzten(!) Zitronenschale abreibt oder sie mit zerdrückten Erdbeeren putzt!

● **Schleimlösende Mittel:** Eine Zitrone und einen Apfel auspressen. Den Saft mit der gleichen Menge Wasser verlängern und 1 Teelöffel Honig hinzufügen.

● Bei **Kopfschmerzen** helfen Ruhe, Verdunklung des Zimmers und kühle, auf die Schläfen gelegte Kompressen mit Zitronenwasser.

● Gegen **Migräne** hilft zuweilen Kaffee mit Zitrone. Eine halbe oder ganze Zitrone auspressen, den Saft mit Kaffee vermischen und trinken. Es schmeckt nicht besonders, aber manch einem hat dieser Trunk schon geholfen.

● **Erfrorene Hände und Füße** werden erfolgreich behandelt, wenn man sie jeden Abend mit Zitronensaft einreibt.

● Bei **Frostbeulen:** Zitronenscheiben auf die Stellen binden. Bei wiederholter Anwendung bringen sie die Frostbeulen zum Verschwinden.

● Gegen **Schuppenflechte, Haarausfall und Kopfschorf** (sehr altes Hausmittel): Hamameliswasser wird mit einem Eigelb und etwas Zitronensaft vermischt und die erkrankte Kopfhaut damit eingerieben. Möglichst über Nacht, auf jeden Fall einige Stunden einwirken lassen. Eventuell wiederholen.

Holunderlikör

Wenn die kühle Jahreszeit beginnt, wird Holunderlikör empfohlen bei Erkältungen und Heiserkeit, bei Bronchitis und auch Blutarmut. Geben Sie in eine Ein-Liter-Flasche reife Holunderbeeren und füllen mit Obstschnaps guter Qualität auf. Die Flasche stellen Sie an einen warmen Ort oder in die Sonne. Erst nach vier Monaten den Saft durchseihen, 125 g Zucker in einem halben Liter Wasser aufkochen und den gewonnenen Saft hinzugeben und gut rühren. Jetzt ist der Likör fertig.
Holunderbeeren wachsen überall. Es ist leicht, sie zu finden. Achten Sie jedoch darauf, sie nicht von staubigen und verkehrsreichen Straßenrändern zu pflücken. Holunder ist sehr empfindlich und verdirbt schnell. Er muß noch am selben Tage verarbeitet werden.

Apfelsine

Vieles, was für die Zitrone gilt, ist auch für die Apfelsine gültig. Beheimatet in China („Sina-Apfel"), kennt man Hunderte von verschiedenen Sorten. Das gelbe bis blutrote, aromatische und saftreiche Fruchtfleisch ist von köstlich erfrischendem, süßsäuerlichem Geschmack. Die Apfelsine ist sehr reich an Vitamin C und enthält Vitamin A,B und D. Sie ist ein hervorragender Vitaminspender. Die Apfelsine enthält 1% Zitronensäure und 5 bis 6% Fruchtzucker. Je nach Sorte ist die Schale dicker oder dünner. Auch die Apfelsinenschale ist Trägerin ätherischer Öle. Je älter und reifer die Apfelsine ist, desto höher ist der Zuckergehalt.

Einige allgemeine Tips

- *Apfelsinen halten länger, wenn man sie in Seidenpapier einwickelt und trocken lagert.*
- *Legen Sie Apfelsinen, die sich schwer schälen lassen, für kurze Zeit in heißes Wasser.*
- *Erfrorene Apfelsinen erkennt man an der weichen Schale. Sie lassen sich noch retten, wenn man sie für ca. 1 Stunde in kaltes Wasser legt. Der bittere Geschmack der erfrorenen Apfelsinen verschwindet nicht vollständig, aber die Früchte werden wieder genießbar.*
- *Apfelsinenflecken lassen sich sofort mit klarem, kaltem Wasser auswaschen.*

Orangen-Tausendgüldenkrautwein

Eine halbe (ungespritzte!) zerschnittene Orange, ein gestrichener Eßlöffel Kamille, eine Prise Tausendgüldenkraut und eine Prise Wermutblätter werden in ein Einmachglas gegeben und mit 0.7 l Weißwein aufgefüllt. 8–10 Tage ziehen lassen und durchseihen. Dieser Kräuterwein ist bei Appetitlosigkeit und zur Förderung der Verdauung angezeigt. Täglich eßlöffelweise eine Tasse davon einnehmen.

● *Orangenflecke in Seide, Wolle und anderen empfindlichen Stoffen werden mit Glyzerin entfernt: Glyzerin vorsichtig auftupfen, etwas einwirken lassen und mit Wasser gut nachspülen.*

● *Apfelsinenschalen sollten Sie immer trocknen und nie wegwerfen, auch wenn sie gespritzt sind. Möchten Sie z.B. ein ausgehendes Feuer beleben, dann legen Sie getrocknete Apfelsinenschalen auf die Glut oder das letzte Fünkchen Feuer.*

Anti-Mücken-Orange

Eine Orange oder Zitrone rundherum ganz dicht mit Nelken bespickt und frei in den Raum unter die Decke gehängt, vertreibt Mücken, Fliegen und auch Motten. Die Frucht schrumpft, verdirbt aber nicht und verbreitet einen wunderbaren würzigen Duft.

Haushalt

● **Emaillegefäße, Ausgüsse** und **Badewannen** kann man mit dem weißen Pelz von Apfelsinenschalen reinigen.

● Vasen oder andere Gegenstände aus **Kristall** kann man mit Apfelsinenschalen reinigen. Das Gefäß nur bis zur Hälfte mit Wasser füllen, kleingeschnittene Apfelsinenschalen hineingeben und gut schütteln.

● **Leder** wird schnell sauber, wenn Sie es mit dem Pelz von Orangenschalen abreiben (Sie können auch Essigwasser dazu verwenden, aber das Leder darf dabei nicht naß, sondern nur ganz leicht feucht werden).

● **Motten** können Sie aus Möbeln vertreiben, wenn Sie dünne, getrocknete Orangenschalen ohne den „Pelz" in Seidenpapier wickeln und in Polstermöbel, Schränke und Schubladen legen.

Mit dem Kartoffelschäler kann man die Apfelsinen mühelos hauchdünn abschälen.

● Wollen Sie **guten Geruch** im ganzen Haus verbreiten? Verbrennen Sie Orangen- und Zitronenschalen im Kaminfeuer!

Kosmetik und Körperpflege

Hautpflege bei fetter und mittelfetter Haut: abwechselnd sollten Sie folgende Tees trinken

● am 1. Abend Anistee, 2 Prisen pro Tasse, 2 Minuten ziehen lassen;

● am folgenden Abend: Aufguß aus 1 Prise Lindenblütentee, 1 Prise Orangenblütentee und 1 Prise Rosmarintee, 2 Minuten ziehen lassen.

Hausmittel und Medizin

● Bei **Durchfallerkrankungen** auf Reisen tritt neben Übelkeit und Kopfschmerzen ein starker Wasserverlust des Körpers ein. Diesen gilt es in erster Linie zu beheben. Neben Bettruhe hilft ein selbstgebrautes Getränk bei 1 bis 2 Tagen Nulldiät. Das Rezept für das Getränk:

Saft von 4 Orangen
7 Eßlöffel weißen Zucker
1 Eßlöffel Tafelsalz
1 Liter abgekochtes Wasser

Auch mit Kochsalz angereicherte zuckerhaltige Limonade hilft, z.B. Zitronenwasser mit Kochsalz vermischt.

Honig

Aus dem Nektar der Blumen, einem zuckerähnlichen Saft, bereitet die Biene in ihrem sogenannten Honigmagen den Honig, den sie zur Ernährung ihrer jungen Brut in den selbst angefertigten Wachswaben speichert. Honig ist ein Gemisch aus Traubenzucker und Fruchtzucker. Er besteht zu $^1/_5$ aus Wasser. Jungfernhonig wird durch Ausrinnenlassen aus der Wabe, Schleuderhonig mit einer Zentrifuge gewonnen. Schon unsere Großmütter schätzten Honig als Hausmittel gegen Erkältungen und als Stärkung für Körper und Geist. Honig gibt es seit Menschengedenken; er schmeckt nicht nur gut, sondern tötet Bazillen und ist deshalb ein hochwirksames Mittel, um die Erreger von Darmerkrankungen, Typhus, Bauch- und Rippenfellentzündung, eitrigen Abszessen usw. zu bekämpfen. In schwereren Fällen muß man natürlich sofort zum Arzt gehen, aber auch dann noch bleibt Honig eine unterstützende Maßnahme. Honig ist ein Genußmittel, das auch einen großen Nährwert besitzt. Durch Gärung stellt man Honigwein, Met oder Liköre her. Auch in der Arzneikunde findet der Honig Verwendung.

Einiges Wissenswerte über Honig

- *Honig ist in der Diabetesdiät nicht erlaubt. Er enthält zwar Fruchtzucker, aber auch etwa zur Hälfte Traubenzucker, der vom Zuckerkranken nicht verwertet werden kann.*
- *Flüssiger Honig enthält mehr Fruchtzucker als verhärteter.*
- *Bei längerem Lagern überwiegt der Traubenzucker, und der Honig erscheint kernig und fest.*
- *Bleibt der Honig längere Zeit flüssig und dünn, ist wahrscheinlich eine Fälschung mit Stärkesirup anzunehmen.*
- *Die Festigkeit des Honigs sagt nichts über seine Qualität aus. Ob flüssig oder kristallisiert, beide Arten sind gleich gut. Festgewordenen Honig kann man im Wasserbad flüssig machen. Der Honig darf aber auf gar keinen Fall über 45° erhitzt werden, dann nämlich verliert auch der reinste Bienenhonig seine volle Wirksamkeit für die Gesundheit.*

- *Lang aufbewahrter Honig kann in Gärung übergehen. Um ihn wieder schmackhaft zu machen, wird er aufgekocht und gut abgeschäumt. Durch das Kochen allerdings verliert er einige seiner wertvollen Bestandteile.*
- *Honig enthält natürliche Säuren. Deshalb sollte man außer Edelstahl weder Metall-Löffel noch Metall-Kochtöpfe bei der Hantierung mit Honig benutzen.*
- *Um Met herzustellen, nur säurefeste Gefäße verwenden, auf keinen Fall solche aus Eisen, Kupfer oder Messing. Gut geeignet sind dazu vor allem Edelstahlgefäße, Glas und natürlich auch Holz.*
- *Honig zieht sehr rasch Feuchtigkeit und fremde Gerüche an. Deshalb sollte er immer lichtgeschützt in fest verschlossenen Gefäßen trocken und kühl aufbewahrt werden.*

Schlechte Zeiten für Honigpanscher!

Nur absolut reiner Bienenhonig enthält all die gesundheitsfördernden pflanzlichen Wirkstoffe, die die Bienen von Millionen von Blüten eingesammelt und zu Honig verarbeitet haben. Jeder Honig mit künstlichen Zusätzen schmeckt zwar nach Honig, ist aber für die Gesundheit völlig wertlos. Gerade bei Honig gibt es sehr viele Fälschungen auf dem Markt. Deshalb soll sich niemand von Etiketten verführen lassen, sondern den Honig zu Hause prüfen. Zur Überprüfung des Honigs auf seine Echtheit gibt es 3 einfache Verfahren:

1. *Man gibt einen Tropfen Honig auf eine Glasplatte. Falls der Honig rasch auseinanderfließt, ist er mit Wasser gemischt.*
2. *Man nehme einen halben Teelöffel Honig und gebe 5 Tropfen Jod hinzu; wird der Honig fleischfarben, grau oder rötlich blau, dann ist er mit Mehlprodukten gestreckt.*
3. *Häufig wird Honig mit Sirup verlängert. Auch das kann man überprüfen. Man löst einen halben Teelöffel Honig in einem Teelöffel Wasser auf, am besten in einem Glasschüsselchen. Darunter vermengt man 15 Kubikzentimeter Brennspiritus. Stellt sich eine milchige Trübung ein, enthält der Honig einen Zusatz von Sirup, ist also für die Gesundheit völlig wertlos.*

Küche

- Bei **Bienenstich** wird der Belag geschmeidiger, wenn man einen Teil des Zuckers durch Honig ersetzt. Anstatt 100 g Zucker nimmt man nur 70 Gramm und zusätzlich 50 g Honig.
- Beim **Grillen** lassen sich aus preiswerten Stücken (Schälrippchen, Putenschnitzel) kleine Delikatessen zubereiten. Das Fleisch mit einer Marinade aus dünnem Honig (oder Ahorn-Sirup) und Tabasco einpinseln.

Himbeerlikör

Ein gutes Mittel zur Stärkung von Herz und Kreislauf erhalten Sie mit Hilfe von 2½ kg Himbeeren, einem Liter Rotwein oder Most (mindestens gute, möglichst sehr gute Qualität) und 2½ Pfund Zucker. Die Himbeeren in den Rotwein geben und 24 Stunden ziehen lassen. Dann wird der Zucker in entsprechender Menge hinzugefügt und die Masse aufgekocht. Nach dem Abkühlen durchseihen. Der Himbeerlikör ist sofort trinkfertig. Nur likörgläschenweise trinken!

Kosmetik und Körperpflege

- **Appetitzügler oder Schlankheitsmittel:** ¼ Stunde vor den Mahlzeiten 1 Eßlöffel oder 1 Teelöffel Honig einnehmen. Dadurch wird der Hunger etwas eingedämmt.
- Eine **Honigmaske** ist wohltuend für angegriffene und strapazierte Haut. Sie hat eine lindernde Wirkung und glättet die Haut. Auf das Gesicht flüssigen Honig von ausgezeichneter Qualität auftragen. Wenn Sie den Honig zu klebrig finden, mischen Sie ihm ein paar Tropfen Zitronensaft bei. Die Maske 20 Minuten einwirken lassen und mit einem Wattebausch entfernen.
- **Hände pflegen** (besonders im Winter): damit sie nicht rissig werden, die Hände täglich mit einer Mischung aus gleichen Teilen Glycerin, Zitronensaft und Bienenhonig einreiben. Zusätzlich die Hände einmal wöchentlich in Buttermilch baden.

● Ein **Bad gegen strapazierte Nerven** zaubern Sie, wenn Sie einen Eßlöffel voll Honig dem Badewasser zusetzen. Das Bad besänftigt die strapazierten Nerven, schenkt wohlige Müdigkeit und macht die Haut seidenweich.

● Samtweich von Kopf bis Fuß wird die Haut, wenn man für ein **Schönheitsbad** dem Badewasser eine Mischung aus 300 g Meersalz, ¾ l Milch und 2 Tassen Bienenhonig zusetzt (Das war übrigens das Schönheitsbad der französischen Dichterin George Sand!).

● Rauhe oder **aufgesprungene Lippen** heilen schneller, wenn man täglich mehrere Male etwas Bienenhonig auf die wunden Stellen tupft und den Honig leicht einmassiert.

● Und so machen Sie sich ein **Rosenhonig-Gesichtswasser:**

20 g Bienenhonig
100 g Rosenwasser
50 g 50%igen Alkohol
1 Eßlöffel Zitronensaft

Diese Mischung in eine Flasche (evtl. auch Flacon) geben und sehr gut durchschütteln. Das Gesichtswasser muß gut verschlossen aufbewahrt werden, so daß die Essenzen nicht verderben und der Alkohol nicht verdunstet. Rosenhonig-Gesichtswasser durchblutet und wirkt straffend auf müde Haut.

● Hausmittel gegen **Schrunden:** 2 Teile Hammelfett, 1 Teil zerquetschte Ringelblumen (Blüten und Blätter) und 1 Teil Honig so lange rühren, bis die Masse cremig geworden ist. Dann auftragen.

Honigseife für zarte Haut

Man braucht dazu 100 g Marseiller Seife, 10 g Wasser und 250 g Honig. Die Zubereitungszeit ist eine Stunde. Und so geht es: Marseiller Seife fein reiben, Wasser und Honig in einen Topf geben, alles unter ständigem Rühren mit einem Holzlöffel erhitzen. Etwas einkochen lassen, bis die Masse dickflüssig wird, dann in Formen füllen. Nach 24 Stunden ist die Seife erstarrt. Diese Honigseife ist besonders gut für empfindliche Haut.

● Eine **Wunde verheilt** besser, schneller und vernarbt glatter, wenn man sie ein paar mal täglich mit Honig einreibt.

Antimorgenmuffel

Molke, Honig und einen Schuß Obstessig nach Geschmack in ein Glas geben und sofort nach dem Aufstehen trinken. Selbst die müdesten Morgenmuffel macht dieser Trunk munter!

Hausmittel und Medizin

● Auf mancherlei Art kann man mit Honig **Erkältungskrankheiten** vorbeugen:
½ Teelöffel heiße Butter mit 2 Teelöffel Honig verrühren und vor dem Zubettgehen einnehmen.
oder:
Täglich 1 Teelöffel frisch geriebenen Meerettich und 1 Teelöffel Honig einnehmen.
oder:
In heißes Wasser etwas Rum, den Saft einer Apfelsine, den Saft einer Zitrone und 2 Eßlöffel Honig einrühren und vor dem Zubettgehen trinken.
oder:
Tagsüber ab und zu mit Honigwasser gurgeln und anschließend das Gurgelwasser hinunterschlucken.
oder:
In einer Tasse Wasser eine mittelgroße, zerkleinerte Zwiebel aufkochen und den Sud durchsieben. 1 Eßlöffel Honig hinzufügen und heiß trinken.
oder:
Einen Trunk aus ⅛ l Milch, einem Ei, einem Eßlöffel Traubenzucker, einem Eßlöffel Zucker und 2 Eßlöffel Honig zubereiten und trinken.
oder:

1 Glas Holundersaft, 1 Ei, einen Eßlöffel Traubenzucker und 2 Eßlöffel Honig gut verrühren und dann heiß trinken.
oder:
Teelöffelweise von folgender Mischung nehmen: Eine Handvoll Petersilie, kleingehackt, 1 Likörglas Zitronensaft, etwas frischen Zwiebelsaft und 2 Eßlöffel Honig gut vermischen.

● Bei **beginnender Erkältung** hilft es auch, wenn Sie 2 Eßlöffel Honig, den Saft einer halben Zitrone und ein Gläschen Schnaps in ein Glas Wasser einrühren und dann schluckweise trinken. (Hoffentlich machen Sie es so rechtzeitig, daß Sie noch der Erkältung entwischen!)

● Hausmittel gegen **Heiserkeit:** Bienenhonig, Speiseöl und Eigelb zu gleichen Teilen cremig schlagen, in ein gut verschließbares Glas füllen und alle 2 Stunden 2 Teelöffel einnehmen. Dabei ist es wichtig, daß diese „Medizin" langsam auf die Rachenschleimhäute einwirken kann.

● Hausmittel gegen **Halsentzündung:** 1 bis 2 Teelöffel Honig werden in einem kleinen Gefäß leicht angewärmt. Den warmen Honig langsam im Munde zergehen lassen. Ungefähr alle 2 Stunden wiederholen.

● Gegen **Halsschmerzen:** 1 Eiweiß zu Schnee schlagen und unter ständigem Weiterschlagen 2 Teelöffel Honig unterziehen. Diesen Schaum teelöffelweise im Munde zergehen lassen.

● Hausmittel gegen **Husten** und **Heiserkeit:** In einer Tasse heißer Milch werden 1 Eßlöffel Schweinefett und 1 Eßlöffel Honig aufgelöst und dann getrunken. Oder: es soll auch helfen, einen schwarzen Rettich auszuhöhlen, um dann Honig und etwas Kandiszucker (notfalls auch gewöhnlichen Zucker, falls kein Kandis im Hause) hineinzugeben. Davon 1 bis 2 Teelöffel täglich einnehmen. Oder: es wirkt auch ein Teelöffel geriebener Meerettich mit einem Eßlöffel Honig verrührt. Oder: 1 Löffel Honig in 1 Glas heißes Zitronenwasser oder Milch geben. Oder suchen Sie etwas Alkoholisches gegen Husten? In einem Glas Whisky (ein kleines natürlich!) einen Eßlöffel Honig auflösen und schluckweise einnehmen.

● Bei **Heuschnupfen** verringert 1 Eßlöffel Honig, morgens nüchtern eingenommen, die Anfälligkeit. Was auch hilft: Jeweils ein walnußgroßes Stück Scheibenhonig oder unbebrüteten Wabenhonig im Mund zerdrücken und das verbleibende Bienenwachs weiterhin im Mund behalten. Es kann wie Kaugummi gekaut und sogar heruntergeschluckt oder auch ausgespuckt werden. Wichtig: Dieser Honig muß aus derselben Gegend stammen, wo die Pollenallergie auftritt, dann ist die Wirkung am besten.

Eine leckere Maske

Wenn Sonne und Wind die Haut ausgetrocknet haben, hilft eine feuchtigkeitsspendende Packung aus Bananen und Honig. Eine Banane mit der Hälfte der Schale und einem halben Eßlöffel Bienenhonig im Mixer quirlen, bis die Masse flüssig ist. Die Mischung auf dem gereinigten Gesicht verteilen und 30 Minuten einziehen lassen. Danach mit lauwarmem Wasser gut abwaschen.

● Honig als **Schlafmittel:** 250 g Honig und 10 Eßlöffel Obstessig gut vermengen. Jeden Abend einen Teelöffel davon einnehmen. Anschließend den Mund mit Wasser ausspülen. Oder: ½ l erwärmte Milch, 1 Eßlöffel Honig, 2 Teelöffel Kakao, alles verrühren, bis der Honig voll gelöst ist. Eine halbe Stunde vor dem Zubettgehen trinken. Oder: In einem Mundglas Wasser, das nicht zu kalt sein sollte, werden 2 Teelöffel Honig und 2 Teelöffel Rum verrührt und vor dem Zubettgehen getrunken. Oder: 1 Tasse Melissen- oder Kamillentee mit 1 bis 2 Teelöffel Honig süßen und abends trinken.
Falls schon Schlaftabletten gebraucht werden, hier ein Rezept zur „Entwöhnung": In einer halben Tasse Wasser wird ein Teelöffel Honig aufgelöst; die Tabletten mit diesem Honigwasser zusammen einnehmen. Nach und nach sollten die Tablettenmengen reduziert werden, so daß letztendlich nur noch das Honigwasser allein eingenommen wird.

- **Nervosität** läßt sich manchmal mit einfachen Mitteln lindern: Täglich 2 Tassen Johanniskrauttee trinken, vor dem Zubettgehen 2 Teelöffel Bienenhonig einnehmen und warme Salzfußbäder machen. Der Schlaf wird gefördert, der Honig ist Nervennahrung und der Tee ein natürliches Beruhigungsmittel.
- Hausmittel zur **Genesung:** 2 Eßlöffel Honig, 1 Päckchen Hefe, 4 Eßlöffel Orangensaft, frisch gepreßt, und ½ l Rotwein werden gut vermischt und getrunken.
- Bei **Überarbeitung** und nervösen Herzbeschwerden: einige Tropfen Baldrian oder Arnikatinktur mit einem Teelöffel Honig vermischen und am Morgen nüchtern oder abends vor dem Schlafengehen einnehmen.
- **Aufbaumittel:** 1 Glas Rotwein mit einem Eigelb (so frisch wie möglich), einem Teelöffel Traubenzucker (geht auch ohne) und einem Eßlöffel Honig verrühren. Täglich ein Glas trinken, möglichst nüchtern.
- Und so erhalten Sie einen leckeren **Stärkungstrank:** Buttermilch und Sanddornsaft mischen und mit Honig süßen.
- Einen ähnlichen Effekt erzielt dieser **„Fitneß-Drink":** 1 Eßlöffel geriebene Nüsse mit 1 Eßlöffel Honig und 1 Glas Milch mischen. Je eine Orange und Grapefruit auspressen, dazugeben, gut verrühren.
- Altes Hausmittel zur **Stärkung der Körperabwehr** und gegen Erkältungen: Einen guten Schluck Obstessig mit Honig süßen und mit Wasser verdünnen. Vor dem Frühstück einnehmen.
- Bei **Appetitlosigkeit** empfiehlt es sich, Honig mit feingehackten Walnüssen zu verrühren und etwas Joghurt oder fein geriebene Möhren hinzuzufügen.
- Zur **Anregung der innersekretorischen Drüsen** (Hausmittel) täglich ½ Tasse Buttermilch trinken, in die Weizenflocken und 1 Eßlöffel Honig eingerührt wurden.
- Gegen **Darmträgheit** kann man auf nüchternen Magen eine Tasse lauwarmes Wasser mit einem Eßlöffel Honig trinken.
- Neben häufigerer Bewegung sollten Personen mit **Darmträgheit** morgens und abends je 1 Glas Wasser mit 2 Eßlöffel Obstessig und 2 Eßlöffel Honig zu sich nehmen. Oder: 3 Teelöffel Lein-

samen, 3 Teelöffel Quark und 3 Teelöffel Honig werden gut miteinander vermischt und morgens nüchtern gegessen.

● Mit einer Teelöffelspitze Bienenhonig kann man gegen **Verstopfung bei Säuglingen** angehen (später Spinatrohsaft geben).

● Bei **Lebererkrankungen** gilt Quark mit Honig als die beste Heilkost.

● Bei **Leberleiden** lehrt ein Hausmittel aus dem Kaukasus: Viele grüne Gurken mit Honig verspeisen!

● Gegen **Bluthochdruck** wird anstelle von Zucker Honig verwendet, da Honig eine blutdrucksenkende Wirkung hat. Als Getränk werden in einem Glas reinem Wasser 1 Eßlöffel Honig und 1 Eßlöffel Obstessig verrührt.

Ernüchternd

Alle halbe Stunde werden dem Betrunkenen große Mengen Bienenhonig gegeben. Da Honig Fruchtzucker enthält, der den Alkoholstoffwechsel im Körper beschleunigt, tritt die ernüchternde Wirkung ein. Nach Möglichkeit Waldhonig nehmen, weil dieser mehr Fruchtzucker hat und die Wirkung dadurch beschleunigt wird.

● Hausmittel bei **Arthrose:** den Saft von 2 Zitronen, Honig und Wasser oder Mineralwasser mischen und tagsüber trinken.

● Gegen Schwellung und Schmerz hilft dieses Honigpflaster bei **Rheumatismus:** auf einen Leinenlappen Honig streichen, auf die kranke Stelle legen und mit einem Wolltuch verbinden; alle 2 Stunden erneuern.

● Gegen chronische **Bronchitis** soll man eine Handvoll gehackte Petersilie, 1 Likörglas Zitronensaft und einen Eßlöffel Honig vermengen. Diesen Trunk tagsüber einnehmen.

● Eine Kur gegen **Bettnässen,** die über mehrere Wochen hin durchgeführt werden muß: 2 gehäufte Teelöffel Johanniskraut mit ¼ l Wasser übergießen und bis zum Sieden erhitzen. Nach wenigen Minuten abseihen. 2 bis 3 Mal täglich eine Tasse hiervon trinken, nachdem jeweils ein Teelöffel Honig zugegeben wurde.

● **Wundreinigung:** stark verschmutzte Wunden mit viel Honig bedecken. Den Verband 24 Stunden liegen lassen. Danach ist die Wunde sauber. Wunden, die mit Honig-Pflastern versorgt werden, heilen nachweislich schneller ab. Honig enthält zwar keine antibakteriellen Substanzen, entzieht der Wundfläche aber die Feuchtigkeit. Bakterien können bekanntlich ohne Wasser nicht leben. Honig auf die Wunde streichen und mit einem Tüchlein oder Mull abdecken.

Bei Zahnschmerzen

Man tauche einen Wattebausch in möglichst hochprozentigen Alkohol, lege ihn auf die schmerzende Stelle und versuche, ihn so lange wie möglich einwirken zu lassen. Eventuell erneuern. Vielleicht wird Sie dieses Mittel vor dem Zahnarzt nicht bewahren, aber eine Erleichterung bringt es sicherlich.
Vorsicht bei Kindern! Diese kleine Menge Alkohol kann bereits zu viel sein.
Oder: Geben Sie eine Gewürznelke auf den schmerzenden Zahn. Es wirkt wahre Wunder.

● **Eingewachsener Verbandstoff** auf einer Wunde: bei Verbänden, die zu lange auf der Wunde gelassen und nicht oft genug erneuert werden, verwachsen die Textilfasern im Wundfleisch. Mit Geduld kann man sie herauslösen, indem man Gaze und Wunde in ein Schälchen mit Honig hält oder Wunde und Verband so lange mit Honig beträufelt, bis er alles gelöst hat.

● Man kann mit Honig sogar einen **Kater** vertreiben: In eine Tasse starken Kaffee gibt man den Saft einer Zitrone und süßt reichlich mit Honig. Die Wirkung hält mehrere Stunden vor!

Wachs

Bienenwachs ist ein rein tierisches Produkt. Der Schmelzpunkt liegt bei etwa 63° C. Vom jeweiligen Bienenvolk, von der Jahreszeit und vom Sammelgebiet hängt die Farbe des Bienenwachses ab. Im Frühling ist es gelb, im Sommer hellgelb und im Herbst fast weiß.
Aus Bienenwachs läßt sich Bohnerwachs herstellen, wenn man 250g geraspeltes Bienenwachs mit einem halben Liter Terpentinlöl vermischt. Früher machten die Hausfrauen ihr Bohnerwachs meistens selbst. Terpentin (nicht Terpentinersatz!) wird in einem Metallgefäß sehr vorsichtig, da feuergefährlich, erwärmt und das Bienenwachs darin langsam aufgelöst. Die geschmolzene Masse, die man abkühlen läßt, ist dann Bohnerwachs.
*An die Stelle des kostbaren Bienenwachses trat später das Stearin, und heute hat ein aus Erdöl gewonnener fester Kohlenwasserstoff, das billige Paraffin, das Stearin ersetzt. Richtiges Bohner*wachs *bekommt man überhaupt nicht mehr. Meines Wissens existiert nur noch eine einzige Firma in England, die echtes Bohnerwachs mit Bienenwachs herstellt.*
Zur Kerzenherstellung wird Bienenwachs seit Menschengedenken verwendet. Eine handgezogene Kerze wird folgendermaßen hergestellt: in ein hohes Gefäß mit flüssigem Wachs wird ein dicker Baumwollfaden, also der Docht, eingetaucht. Man läßt ihn erkalten, taucht ihn danach wieder ein und fährt so fort, bis die Kerze die gewünschte Dicke erreicht hat.
Eine echte Bienenwachskerze verbreitet einen angenehmen Duft, und auch früher schon waren echte Bienenwachskerzen so edel, daß man sie nur bei feierlichen Anlässen anzündete. Für den täglichen Gebrauch verwandte man Talglichter.

Wie man mit Kerzen umgeht

● *Kerzen brechen beim Aufstecken nicht, wenn der Dorn des Leuchters zuvor erwärmt wird.*
● *Kerzen sind leichter im Halter zu befestigen oder auf Leuchtern aufzuspießen, wenn man sie mit den Enden in heißes Wasser taucht.*

- *Kerzen brennen länger, wenn man etwas Salz um den Docht streut.*
- *Kerzen verursachen keinen Zimmerbrand, wenn man Vorsichtsmaßnahmen beachtet: überprüfen, ob die Kerze auch wirklich im Leuchter festsitzt und nicht umkippen kann. Außerhalb von Kinderreichweite aufstellen. Kerzen nicht in der Nähe von Gardinen anzünden. Ein Luftzug würde genügen, um einen Zimmerbrand zu entfachen.*
- *Dicke Kerzen brennen oft nur in der Mitte ab, die äußere Wachsschicht bleibt wie eine Hülle erhalten. Stellen Sie ein Teelicht in die Höhlung. Sollte es sich um eine echte Bienenwachskerze handeln, kann sie beinahe unbegrenzt in ihrer kostbaren Hülle leuchten.*
- *Verstaubte Kerzen werden in sehr kaltem Seifenwasser vorsichtig abgewaschen, dann mit klarem, kalten Wasser gespült. Erst mit einem trockenen Lappen und dann mit einem in ein wenig Spiritus angefeuchteten Tuch abtupfen. Schmutzige Kerzen kann man auch mit Alkohol abreiben.*
- *Kerzen werden tropffest, wenn man sie mehrere Stunden in sehr starkes Salzwasser legt. Anschließend dürfen sie nicht abgewischt werden, sondern müssen, am Docht aufgehängt, trocknen. Vor dem Anzünden muß der Docht ganz trocken sein.*
- *Will man Wachsreste von Kerzenhaltern entfernen, kann man sie mit heißem Wasser übergießen. Sie können auch den Halter in eine leere Blechdose auf eine warme Kochplatte stellen und das Wachs abschmelzen.*

Frische Füße, altes Rezept

In Großmutters Zeiten legte man Farnkrautblätter als Einlagen in die Schuhe. Dies ist ein ausgezeichnetes Mittel gegen Fußschweiß. Die Farnkrautblätter muß man alle zwei Tage erneuern.

- *Kerzentropfen auf Möbeln dürfen nicht abgekratzt werden. Man kann sie schonend mit einem in Öl getauchten Lappen entfernen.*

Shampoo-Ersatz

Ein ganzes Eigelb einfach bei der Wäsche auf dem Haar verteilen: es ersetzt das Shampoo.

Wie man Wachsflecken entfernt

● *Aus* **Stoffen** *kratzen Sie das Wachs zunächst vorsichtig ab, legen den Fleck zwischen zwei Löschblätter, Zeitungspapier oder Seidenpapier und bügeln heiß über. Dabei müssen Sie das Papier so häufig auswechseln, bis kein Wachs mehr vom Papier aufgesaugt wird. Dann reiben Sie den Fleck vorsichtig mit Spiritus aus.*

● *Bei* **Leinen** *legen Sie das Stück in kaltes Wasser und reiben das Wachs vorsichtig, bis es abfällt, dann wie üblich waschen.*

● *Aus* **Möbeln** *lösen Sie den Fleck nicht mit Gewalt, sondern nehmen Olivenöl und reiben den Wachsfleck vorsichtig damit ab.*

● *Bei* **Teppichen** *heben Sie zunächst das Wachs mit einem spitzen Gegenstand sehr vorsichtig ab. Nun behandeln Sie den Fleck mit Benzin oder reinem Alkohol, legen anschließend ein Löschblatt auf die Fleckstelle und bügeln sehr vorsichtig mit einem warmen Bügeleisen über. Der Fleck wird entfernt sein, auch wenn das Löschblatt sauber bleibt. Mit weniger Aufwand können Sie den Fleck mit einem Fön beseitigen: ein sauberes, sehr saugfähiges Tuch oder dickes Löschblatt auf den Fleck legen und fönen. Der Fön erwärmt das Wachs, das vom Tuch aufgesaugt wird. Wiederholen Sie diese Prozedur, bis sich alle Wachsreste gelöst haben.*

● *Von* **Metall** *kratzen Sie das Wachs nicht ab, sondern übergießen es mit kochendem Wasser. Wenn sich alles Wachs gelöst hat, mit einem Lappen nachreiben.*

● *Bei* **Messing- und anderen Metall-Leuchtern** *tauchen Sie den Leuchter in heißes Wasser. Wenn sich alles Wachs gelöst hat, reiben Sie den Gegenstand mit einem weichen, sauberen Tuch trocken.*

Haushalt

- **Parkett** mit Seifenlauge reinigen, trocknen lassen und Bohnerwachs einreiben.
- Ganz besonders gut läßt sich **Bohnerwachs** mit Seidenpapier auftragen. Das Seidenpapier schluckt nicht so viel Wachs wie ein Bohnerlappen. Wer einen Kamin oder Ofen hat, kann hinterher das Seidenpapier als Feueranzünder benutzen.
- Sie können sich viel Arbeit mit dem **Putzen der Zimmertüren** sparen, wenn Sie die Hauptangriffsflächen mit farblosem Hartwachs einreiben.
- **Lasierte Möbel** dürfen nicht feucht behandelt werden. Sie sollten sie vielmehr mit Wachs einreiben und dann mit einem weichen Tuch nachpolieren.
- Möchte man **Eichenmöbel** wieder auffrischen, bereitet man eine Mischung aus Wachs, Wasser und Zucker. ⅔ l Wasser und ⅓ l farbloses Wachs und 2 Eßlöffel Zucker werden zusammen aufgekocht. Diese Lösung wird mit einem Pinsel auf das Eichenholz gestrichen. Nachdem alles völlig trocken ist, reibt man mit einem Wolltuch gut nach.
- Bei klemmenden **Schubladen** können Sie die Laufleisten mit Bohnerwachs oder mit einer Kerze bestreichen. Auch Kernseife erzielt denselben Effekt.
- **Kleine Risse in Keramikvasen** kann man mit Bohnerwachs kitten.
- **Flaschen** lassen sich luftdicht verschließen, indem man den verkorkten Flaschenkopf in das Stearin einer geschmolzenen Kerze taucht. Eine Flasche läßt sich auch mit Siegellack luftdicht verschließen.
- Wenn sich mal ein **Stöpsel** in Flaschen nicht gleich löst, genügt es, den Flaschenhals über einer Kerzenflamme zu erwärmen.
- Der **Eiswürfelkasten** im Kühlfach friert am Boden nicht fest, wenn man ihn mit einem Kerzenstummel einreibt.
- **Rolladengurte** halten länger, wenn sie von Zeit zu Zeit mit einem Kerzenrest eingerieben werden.

● **Reißverschlüsse** funktionieren nach der Wäsche oder Reinigung nicht immer so gut, wie es sein sollte. Sie werden weniger Ärger haben, wenn Sie die Reißverschlüsse vor dem Waschen oder Reinigen mit einer Stearinkerze einreiben und schließen.

● **Bügeleisen** werden vor Rost geschützt, wenn man sie nach jedem Gebrauch mit einem Kerzenrest einreibt.

Frischfischversand nach altem Rezept

Man tauche eine Brotkrume in Branntwein, lasse sie recht vollsaugen, stopfe damit das Maul des Fisches voll und gieße noch etwas Branntwein hinterher. Nun wickelt man den Fisch in frisches Stroh, befestige es mit Bindfaden und darum ein Stück Leinwand. Ist der Fisch an den bestimmten Ort angekommen, so wird er vom Stroh befreit und schnell in ein Gefäß mit Wasser getan. Nach kurzer Zeit kommt er wieder zu sich und wird munter. Auf diese Weise kann man Fische 8 Tage lang unterwegs lebendig halten. So brachte meine Urgroßmutter Fisch frisch auf den Tisch.

● **Schrauben** gehen leichter ins Holz, wenn man sie mit Bohnerwachs einfettet.

● **Werkzeuge** können Sie vor Rost schützen, wenn Sie gleichmäßig Wachs auftragen. Sie können sie auch mit einer Kerze einreiben. Diesen Rostschutz brauchen Sie auch vor dem erneuten Gebrauch der Werkzeuge nicht wieder zu entfernen.

● **Leder, Filz** und schwere Stoffe nähen sich besser, wenn man den Nähfaden vor dem Nähen mit Paraffin einreibt. Die Naht wird dreimal haltbarer sein als mit dem einfachen Faden.

● Will man **Kroko-Ledertaschen** reinigen, reibt man sie mit einem Stück reinem Bienenwachs ein und verteilt das Wachs durch Reiben mit dem Handballen. Dann poliert man mit einem weichen Wolltuch nach. Nach dieser Behandlung wird die Tasche wie neu aussehen.

● Das schnelle Nadeln bei **Weihnachtsbäumen** läßt sich hinauszögern, wenn sich der Stamm 2 bis 3 Tage in einem Eimer mit Wasser, das 2 Eßlöffel Glycerin enthält, vollsaugen kann. Vor dem Aufstellen die Schnittfläche mit Wachs oder Paraffin übergießen.

● **Pappschnee** und **Matsch** bleiben nicht an Schaufel oder Schneeschippe hängen, wenn man diese vorher entweder mit Bohnerwachs oder Kerzenstummeln gut einfettet. Arbeiten Sie länger, müssen Sie die Behandlung wiederholen, da die Fettschicht vom Schnee allmählich abgewetzt wird.

Wenn einer keine Handschuh' hat . . .

Im Winter tue die Mutter gut daran, für ihre Kinder immer ein paar schöne, glatte und gut geformte Kieselsteine auf dem Herd oder in der Backröhre parat zu halten. Wenn die Kinder nicht spielen, sondern einen längeren Weg machen müssen, sollte sie Acht geben, den Kindern einen vorgewärmten Kieselstein in jede Manteltasche zu legen. So bleiben die Hände, die die Kinder gerne in warme Taschen stecken, lange sehr schön warm. Am Sonntag für die Heilige Messe müssen die Steine besonders groß sein, weil die Kinder sich in der Kirche nicht bewegen dürfen.

Hausmittel und Medizin

● **Splitter** kann man am besten mit einer Pinzette entfernen. Noch leichter geht es, wenn Sie ein paar Tropfen flüssiges Wachs auf die Stelle träufeln, es erstarren lassen (evtl. unter fließendem kaltem Wasser) und das Wachs dann abziehen. So läßt sich ein Splitter mühelos lösen.

Balkon und Garten

● **Frische Schnittblumen** lassen sich unbeschadet versenden, doch die Blumen müssen am frühen Morgen, möglichst vor der ersten Sonnenbestrahlung, mit noch halb geschlossenen Blüten geschnitten werden. Die unteren Stielenden werden in geschmolzenes Wachs getaucht. Auf diese Art und Weise geht der Blume keine Feuchtigkeit verloren. Ehe der Empfänger die Blumen in die Vase stellt, muß er die mit Wachs überzogenen unteren Stielenden abschneiden.

Salz

Salz ist wichtiger, als die meisten Menschen glauben. Der menschliche Körper braucht Salz. Er könnte sonst weder die Nahrung richtig verdauen, noch den Blutdruck korrekt regulieren. Dazu reichen 3 Gramm täglich aus, der Rest wird durch die Nieren wieder ausgeschieden. Salz wird als Stein- und Steppensalz, aus dem Meerwasser und aus Solquellen gewonnen. Salz spielt in allen Kulturen seit jeher eine große Rolle. Gemeinsam Salz zu essen, galt im Orient schon vor Tausenden von Jahren als Zeichen der Freundschaft. Am Rathaus in Wasserburg am Inn – an der alten Salzstraße der Saline Reichenhall – ist folgender Spruch noch heute zu lesen:

„Wie wär es schlecht um uns bestellt,
wenn es kein Salz gäb auf der Welt!
Vom Kaiser bis zum Bettelmann
Keiner das Salz entbehren kann.
Der Bürger, Bauer und Soldat,
Das Salz ein Jeder nötig hat,
Wie schmöckt die Speis, Fleisch oder Fisch,
Wenn ist dazu kein Salz am Tisch!
Der Beck backt ohne Salz kein Brot,
Ohn Salz wir müssen leiden Not!
Gott gib uns auch mit gütger Hand
Ein Körnlein Salz in den Verstand!"

Steinsalz wird in Salzbergwerken gewonnen. Es findet sich in großen Lagern in der Erde, entstanden durch die Verdunstung früherer Meere. Außerdem gibt es Salzquellen, bei denen das Wasser unterirdisch gelagertes Salz gelöst hat. Man läßt das Wasser verdunsten und erhält dadurch „Solesalz". Salz kann man auch aus dem Meer gewinnen. Meerwasser wird in große, flache Becken, die Salinen geleitet. Wenn Sonne und Wind das Wasser verdunstet haben, bleibt „Seesalz" oder „Meersalz" übrig.

Badekuren in Solbädern und Trinkkuren mit Salzwasser werden heutzutage in der Medizin häufig angewandt. Salz hilft nämlich gegen allerlei innere und äußere Leiden.

Roßkur

Im Mittelalter verabreichten Ärzte den Trunkenbolden als Entziehungskur Aalblut vermischt mit Wein.

Einsalzen

Allgemeines, Merkmale:

- *Die Methode des Einsalzens ist besonders gut geeignet für das Haltbarmachen von größeren Gemüsemengen.*
- *Die Einsalzmethode ist bequem und billig. Sie ist besonders bei grünen Bohnen, Gurken und Weißkohl beliebt.*
- *Sauerkraut ist nicht nur eine feinschmeckerische Spezialität, es wird auch als Heilmittel in der Diätkost verwendet. Im rohen Zustand und bei sachgerechter, nicht zu langer Lagerung besitzt es zudem noch reichlich Vitamine, besonders viel Vitamin C.*
- *Die in dem eingelegten Gemüse durch Milchsäurebakterien und Hefepilze hervorgerufene Gärung verwandelt den größten Teil der Kohlenhydrate in Milchsäure, die in unserem Körper wie Joghurt und Sauermilch wirkt, d. h. den Darm desinfiziert und Fäulnisvorgänge bekämpft.*
- *Um die Gärung zu beschleunigen, kann man das eingelegte Gemüse die ersten Tage in einen warmen Raum stellen, dann muß es im kühlen Keller aufbewahrt werden.*

Besonders geeignet zum Einsalzen sind Steintöpfe und Holzfässer. Diese Gefäße müssen zum Einlegen gründlich gescheuert, mit heißem Wasser ausgebrüht und an der Luft getrocknet sein. Weißkohl, Bohnen und Streifrüben werden mit der Hand oder einem Holzstampfer so fest eingedrückt, daß der Saft übersteht. Man lege über das Gemüse ein Leinentuch, das vorher mit kochendem Wasser gebrüht sein muß. Zum Beschweren nehme man ein Brett, möglichst im Durchmesser des Topfes, und einen Feldstein. Alle 10 bis 14 Tage müssen Tuch, Brett und Stein sauber gespült werden. Sollte das Gemüse einmal im Laufe des Winters zu wenig Lake haben, so gießt man erkaltete Salzlösung nach. Man nehme das Eingemachte mit einem sauberen Holzlöffel oder einer Holzgabel heraus. Im übrigen gelten die allgemeinen Einmachregeln.

Küche

● **Versalzene Speisen:** hat man aus Versehen doppelt gesalzen, wirkt Milch neutralisierend. Auch ein paar mitgekochte, rohe Kartoffelscheiben saugen das Salz auf.

● **Erfrorenes Obst und Gemüse** können Sie meistens noch retten, wenn Sie es in kaltes Wasser mit etwas Salz und Schnee legen und an einen kühlen Ort stellen. Zuletzt wird es an der Luft getrocknet.

● Damit eine **angeschnittene Zitrone** nicht austrocknet, die Schnittfläche mit Salz einreiben.

● **Hülsenfrüchte** sind länger haltbar, wenn sie mit trockenem Salz gemischt werden. Vor dem Kochen muß es durch gründliches Waschen in klarem Wasser wieder entfernt werden. Die Hülsenfrüchte erst nach dem Garkochen salzen. Sie werden schneller weich, wenn Sie dem Wasser etwas Natron zufügen.

● **Blumenkohl** vor dem Kochen ¼ Stunde lang in starkes Salzwasser legen. Schnecken und Insekten lösen sich dann, kommen nach oben oder fallen auf den Boden.

● **Mehl** wird beim Anrühren oder Auflösen im Wasser nicht klumpen, wenn man eine Prise Salz untermischt.

Würze wie in alten Zeiten

Kaufen Sie sich einen Mörser! Mörser wurden in Haushalten und Apotheken während vieler Jahrhunderte benutzt. Damit können Sie das volle Aroma der Gewürze entfalten. Außerdem haben Sie es selbst in der Hand, ob das Gewürz körnig bleibt oder feiner zerstoßen oder gar zu allerfeinstem Pulver zermalmt wird. Mörsergestoßene Gewürze würzen anders, und Ihre Familie oder Gäste werden schnell den Unterschied zu den heutzutage in Tüten oder Dosen bereits zermahlenen Gewürzen feststellen!

● **Butter** läßt sich in Salzwasser lange Zeit frisch halten. Salzwasser aufkochen, wieder abkühlen lassen und die Butter dann im ganzen Stück hineinlegen.

● Das Eindicken von **Speiseöl** kann man verhindern, wenn man einen Teelöffel Salz in die Ölflasche oder Karaffe gibt.

● **Fettspritzer:** beim Braten in der Pfanne spritzt das Fett zuweilen. Um das zu verhindern, gibt man eine Prise Salz dazu.

● Durch **Pökeln,** also das Haltbarmachen von Fleisch mit Salz, kann man Fleisch lange konservieren. Bei Tiefkühlkost ist Salzen jedoch gar nicht angebracht. Ungesalzen halten frische Lebensmittel und Fertiggerichte im Gefrierschrank dreimal so lange.

● **Hackfleisch** ist besonders empfindlich. Es sollte immer am Kauftag verbraucht werden. Es bleibt jedoch noch 1 bis 2 Tage länger zum Verzehr geeignet, wenn man etwas Salz beimischt.

● **Eisbein** nicht sofort nach dem Einkaufen verwenden, sondern erst 1 bis 2 Tage in Salzwasser legen. Dadurch wird es schmackhafter und bekömmlicher.

● Für **Schweinebraten mit Kruste** die Oberfläche einschneiden und ab und zu mit leicht gesalzenem Wasser oder leicht gesalzenem Bier begießen. Dann wird die Kruste schön knackig.

● Ist die Haut bei **Geflügel** oder **Schweinebraten** zäh und ledern geworden, so bestreicht man sie mit kaltem Salzwasser (bei fetten Stücken) oder mit Öl bzw. Butter (bei mageren Stücken). Dann wird das Fleisch bei geöffneter Backofentür mit Oberhitze überbacken oder kurz übergrillt.

● **Würstchen,** die Sie eigentlich zum sofortigen Verzehr gekauft haben und die Sie liegen lassen müssen, weil irgend etwas dazwischengekommen ist, sollten Sie in leicht gesalzenem Wasser einlegen. Sie brauchen dann nicht unbedingt am gleichen Tage verzehrt zu werden.

● **Schimmel** an Schinken und Wurst kann man verhindern: Einen dünnen Brei aus Salz und Wasser herstellen und damit die Wurst oder den Schinken bestreichen. Es bildet sich eine Salzkruste, die das Schimmeln verhindert und Schimmelansätze abtötet.

● **Fisch** erst ganz kurz vor dem Kochen oder Braten salzen. Das Salz entzieht dem Fisch sonst zu viel Saft.

● Wollen Sie **Fisch** mit brauner Kruste braten, müssen Sie etwas Salz in das Fett streuen.

● Gefrorene **Eier** lassen sich wieder genießbar machen: Die Eier

einige Stunden in starkes Salzwasser legen. Selbst schlecht riechende Eier wurden früher noch verwendet. Man ließ sie aufgeschlagen über Nacht an der Luft stehen. Diesen Rat sollte man jedoch nur in großen Hungerzeiten befolgen.

● **Eier** platzen nicht beim Kochen, wenn Sie dem Kochwasser etwas Salz zufügen.

● **Eier** auf Frische prüfen: die Eier in eine Lösung aus ½ l kaltem Wasser und 125 g Salz legen. Die frischen Eier bleiben auf dem Grunde liegen, ältere schweben im Wasser und alte schwimmen oben.

● Sie erhalten einen schönen, festen **Eierschnee,** wenn Sie eine winzige Prise Salz beim Schlagen dazugeben.

● **Eigelb,** das Sie zum Bestreichen eines Gerichtes oder Kuchens verwenden wollen, erhält eine intensivere Farbe, wenn man eine Prise Salz oder Zucker zusetzt.

● **Käse** im Kühlschrank oder in der Speisekammer, der hart geworden ist, wird wieder weich, wenn Sie ihn in einen Pergamentbogen und ein mit Salzwasser getränktes Tuch wickeln.

„Goldene Regel" für Salatsoße

Essig wie ein Geizhals,
Öl wie ein Verschwender
und Salz wie ein Weiser

● **Parmesankäse** hält sich monatelang frisch, wenn er in Salz aufbewahrt wird.

● Alte **Nußkerne** werden wieder frisch wie grüne Nußkerne schmecken, wenn man sie in Salzwasser abbrüht.

● **Nußkerne** lassen sich gut abziehen, wenn man sie mit Salzwasser überbrüht hat.

● Ist Ihr **Kaffeemehl** nicht mehr ganz so frisch, dann sollten Sie pro Tasse Kaffee ein Körnchen Salz verwenden. Auch bei

frischem Kaffee hebt ein einziges Körnchen Salz pro Tasse das Aroma.

● **Maden** an frischen Gemüsen kann man durch Beigabe von etwas Salz verhüten.

● Wird Mehl länger gelagert, nisten sich unter Umständen **Mehlwürmer** ein. Vermischt man das Mehl jedoch mit ein wenig Salz, kann man das vermeiden. Haben sich Mehlwürmer einmal in Ihrer Küche „festgesetzt", kann man sie nur schwer wieder loswerden, da sie auch viele andere Nahrungsmittel befallen, so daß ein ständiger „Kreislauf" eingeleitet wird.

● **Kühlen** ohne Kühlschrank oder Eis: Nicht nur an heißen Tagen ist diese Kühlmethode anzuwenden: Wenn einmal der Strom ausfällt oder kein Kühlschrank da ist, lösen Sie in einer Schüssel einen gehäuften Eßlöffel Salz auf und stellen die Speisen hinein.

Sirup vom eigenen Herd

Zunächst brauchen Sie Zuckerrüben, wie sie auf dem Acker wachsen und geerntet werden. Die Zuckerrüben werden von den Blättern befreit und die Knollen mit einer Scheuerbürste von der Erde gesäubert und gut geschrubbt. Sodann schneiden Sie die Früchte in kleine Stücke (etwa wie Quitten oder Äpfel, die Sie zu Gelee verarbeiten wollen.). Die Rübenstücke mit Wasser bedeckt etwa 2 Stunden lang kochen, dann den Saft durch einen Durchschlag oder Sieb laufen und ihn so lange auf kleiner Flamme einkochen lassen, bis er dicklich wird. Lassen Sie ihn dünnflüssiger, wird er honigähnlich schmecken, kochen sie ihn ein, bis er zähflüssig wird, wird der Sirup einen herberen Geschmack haben. Je dickflüssiger die Masse, desto herber und „erdiger" der Geschmack des Sirups.

Haushalt

● Beim **Fensterputzen** wird dem Waschwasser etwas Salz beigegeben. Dadurch werden die Fensterscheiben besonders klar.

● **Fensterscheiben** kann man mit Bier und Salz undurchsichtig machen! 1 Glas Bier und einen gehäuften Eßlöffel Kochsalz vermischen und die Fensterscheiben damit bestreichen. Man kann die Scheibe wieder blank und durchsichtig bekommen, wenn man alles mit heißem Sodawasser abwäscht.

● **Fenster** sollten nicht bei Sonnenstrahlung geputzt werden. Die Scheiben würden dann blind werden. Bei starkem Frost sollten sie auch nicht geputzt werden. Ist es dennoch unvermeidlich, ein starkes Salzwasser zubereiten und dem Putzwasser etwas zufügen.

● **Fensterscheiben** frieren nicht ein, wenn man sie mehrere Male hintereinander mit Salz einreibt. Eingefrorene Scheiben werden mit folgender Lösung aufgetaut: 250 g Salz in 5 l Wasser gut verrühren. Die Scheiben gut damit einreiben und mit einem Fensterleder sofort nachbehandeln.

● **Eisblumen** an Fensterscheiben kann man mit gesättigtem, warmem Salzwasser entfernen. Das Salzwasser wird mit einem Lederlappen aufgetragen und die Eisblumen durch Reiben entfernt. Die Eisbildung an Fensterscheiben kann man von vorneherein verhindern, wenn man auf vollständig trockene Fensterscheiben eine sehr dünne Schicht aus Alkohol und Glyzerin aufträgt.

● Eingefrorene **Fensterrahmen** können Sie entweder mit einem Fön wieder auftauen oder in heißes Salzwasser getauchte Tücher auf die Rahmen legen.

● **Ledertücher** (Auto- und Fensterleder z.B.) bleiben länger weich — und mit weichem Leder kann man besser arbeiten — wenn sie nach Gebrauch in lauwarmem Salzwasser ausgewaschen werden. Danach im Schatten trocknen, halbfeucht aufrollen und möglichst hängend aufheben.

● Vergilbte **Stores** werden wieder weiß, wenn man der Seifenlauge eine Handvoll einfaches Speisesalz zugibt. Bei synthetischen Stoffen geht das jedoch nicht immer.

● Legen Sie vergilbte **Taschentücher** vor der Wäsche einen Tag lang in Salzwasser. Sie werden schneeweiß.

● Wenn Sie neue **Jeans** vor dem Waschen ungefähr eine Stunde in kaltes Salzwasser (2 gehäufte Eßlöffel auf 5 l Wasser) legen, bleichen sie nicht so aus. Anschließend in kaltem Wasser waschen.

● **Wattierte Textilien** können Sie nach dem Waschen wieder schön auflockern, wenn Sie sie in einer warmen Seifenflockenlösung waschen. Dabei dürfen die Stücke nur gedrückt, nicht ausgewunden werden. Nachdem Sie die Stücke gut gespült haben, legen Sie sie ungefähr 15 Minuten in mäßig gesalzenes Wasser. Dadurch wird die Watte wieder aufgelockert. Handelt es sich um ein dick wattiertes Stück, dann kann die Salzlösung auch etwas stärker sein.

● Das **Gefrieren der Wäsche** beim Trocknen in frischer Luft kann man verhindern, wenn man dem letzten Spülwasser 1½ Eßlöffel Salz hinzufügt. Das Salz durch tüchtiges Rühren vollständig auflösen.

Gegen Fleckenränder

Wenn Sie einen Flecken mit Benzin entfernt haben und nun stattdessen einen häßlichen Rand auf dem Kleidungsstück haben, bereiten Sie einen Brei aus Benzin und sehr feinem Tafelsalz, den Sie auf den Flecken auftragen. Zum Trocknen liegenlassen. Nach einigen Stunden können Sie das Salz mit einer Bürste entfernen, und auch die Benzinränder werden verschwunden sein.

● **Badeanzüge** nach dem Baden im Meer (Salzwasser) öfters in Leitungswasser legen und Wasser wechseln. Das Salz könnte sonst den Anzug zerfressen.

● Im Winter sollten Sie, falls Sie Ihre Wäsche in Wind und Sonne trocknen, der eingeweichten **Stärke** etwas Salz zufügen und sie dann erst im heißen Wasser auflösen. Andernfalls scheidet der Frost die Stärke aus der Wäsche wieder aus.

● Rostige **Bügeleisen** werden mit ein wenig Butter und sehr feinem Salz bestrichen. Beides muß einige Zeit einwirken und wird dann mit einem groben Tuch abgewischt. Das Bügeleisen wird wieder blank.

● Ist die Bügelfläche Ihres **Bügeleisens** braun und stumpf geworden, streut man Salz auf ein altes, feuchtes Tuch und fährt mit dem heißen Bügeleisen über das Salz hin und her. Auf diese Weise wird das Bügeleisen wieder blitzblank.

● **Bügelstärke** wird nicht am Bügeleisen festkleben, wenn Sie ihr eine Messerspitze Salz hinzufügen.

● **Strohmatten und -teppiche** reinigt man mit einer Salzwasserlösung (auf 1 Liter Wasser 3 Eßlöffel Salz nehmen). Mit diesem Salzwasser und einer groben Bürste behandeln Sie den Teppich, spülen mit lauwarmem Wasser nach und lassen ihn an der Luft trocknen. Wenn Sie ihn zum Schluß mit Leinöl überpinseln, wird seine Haltbarkeit noch erhöht.

● Wenn **Korbstühle** langsam nachdunkeln, bürstet man sie tüchtig mit Salzwasser ab. Danach haben sie dann wieder eine natürliche Farbe.

● **Möbel aus Bambus** werden mit Salzwasser gereinigt, dabei eine harte Scheuerbürste benutzen und 1 Eßlöffel Salz auf 10 l Wasser geben.

● **Korbwaren** kann man mit Salz sehr gut auffrischen. Eine Lösung aus 5 l Wasser und einem Eßlöffel Salz herstellen und die Korbwaren damit abbürsten.

● Verbeulte **Strohhüte** kann man wieder in Form bringen, wenn man sie in Salzwasser einweicht. Dann in die ursprüngliche Form bringen und trocknen lassen.

Auch Scheuerpulver muß nicht sein

Nehmen Sie ganz feinen Sand. Den besten findet man in Gegenden, wo Granit wächst. Mit diesem Sand bearbeiten Sie Bratpfannen, Aluminiumtöpfe, feuerfestes Glas und alle Oberflächen, die sehr schmutzig sind und die durch Kratzer nicht beschädigt werden können.
Sollten Sie einen angebrannten Topf säubern wollen: Salz hineinschütten, kochendes Wasser darübergießen und eine Nacht stehen lassen, dann wie oben verfahren. In ganz schwierigen Fällen füllt man vorher Essig in den Topf und kocht auf.

● **Teppiche** können sehr gut mit Salz gereinigt werden. Gegenüber Essig hat Salz den Vorteil, daß der Teppich trocken bleibt, während man mit Essig vorsichtig zu Werke gehen muß, da der Teppich nicht naß sondern nur feucht behandelt werden darf.

● Polierte **Möbel** bleiben blank, wenn man Salatöl mit feinem Salz gut vermischt und die Möbel damit einreibt.

● Rostig gewordener **Stahl** wird erhitzt und dann mit reinem Bienenwachs eingerieben, bis sich eine dünne Wachsschicht bildet. Danach wird ein frischer Lappen in ein wenig grobes Kochsalz getaucht und das Wachs zusammen mit dem Rost abgerieben.

● **Porzellan** und alle Gegenstände aus **Emaille** (wie Waschbecken, Wannen und Kochtöpfe z.B.) lassen sich gut mit Salz putzen.

● **Glas** läßt sich mit Salz gegen Kälte und Hitze widerstandsfähig machen. Das Glas legt man in ein Gefäß mit kaltem Wasser, dem etwas Kochsalz beigegeben wurde. Das Wasser langsam erhitzen und das Glas 15 Minuten kochen lassen. Es muß in der Salzlösung erkalten. Danach herausnehmen und abtrocknen.

● **Trübe Gläser** werden mit warmem Salzwasser gereinigt und dann nachpoliert (mit einem Tuch aus reinem Leinen).

● Zum Säubern des **Aquariums** darf man nie Seife verwenden. Das Aquarium mit einfachem Kochsalz gut einreiben und sehr gründlich mit Wasser nachspülen.

● **Küchengeräte aus Blech** lassen sich einfach reinigen: Man erwärmt sie und reibt sie mit Salz ab.

● Blinde Stellen auf **Kristall** werden mit angefeuchtetem Salz klar und wieder glänzend.

● **Kristall** reinigen: Ob alt oder modern, immer erst mit Wasser anfangen. Schütten Sie in die Kristallkaraffen grobes Salz, dann Essig. Lassen Sie diese Lösung ½ Stunde einwirken. Wenn Sie dann spülen, sind die Kalkränder verschwunden. Sollten die Kalkränder sehr hartnäckig sein, dann müssen Sie den Essig erhitzen und vorsichtig nach und nach in die Karaffe geben.

● **Marmor** pflegen und reinigen: Keine heißen Gegenstände oder gar Bügeleisen sollten auf Marmor abgestellt werden. Mit klarem Wasser oder auch mit Wasser mit Seifenzusatz ab-

waschen, mit klarem Wasser nachbehandeln, trocknen lassen und dann sehr dünn einwachsen. Marmor wird schön glänzend, wenn Sie flüssiges Fußbodenwachs sehr dünn auftragen und dann mit einem Wolltuch nachpolieren. Ist heller Marmor sehr verschmutzt, sollte die ganze Fläche mit Kochsalz, dem etwas Zitronensaft beigemischt wurde, bearbeitet werden. Mit klarem Wasser nachspülen und mit einem Woll- oder Flanelltuch nachpolieren.

● **Nickel** wird mit heißem Wasser ohne Zusatz wieder blank. Polieren Sie mit einem Tuch oder mit Zeitungspapier nach. Dunkle Flecken werden mit Kochsalz abgerieben. Sollte der Gegenstand sehr stark verschmutzt sein, wird er nach einer Reinigung mit Zigarrenasche wieder sauber.

Das Richtige unter den Teppich gekehrt!

Kehren Sie schwarzen, gemahlenen Pfeffer unter den Teppich! Er eignet sich bestens zum Schutz gegen Mottenfraß, besonders bei Persern. Auch Motten bevorzugen nämlich immer die beste Wollqualität.

● Salzgebäck sollte nicht in **Silberschalen** serviert werden. Die Salzkörnchen enthalten Chlor, und das hinterläßt auf Silber schwarze Flecken. Diese Flecken fressen sich immer tiefer in das Silber ein und lassen sich auch nicht mehr entfernen.

● Echte **Perlen** werden wieder wie neu, wenn man sie in ein Mullsäckchen gibt, in das man ein wenig Salz streut. Man bewegt das Mullsäckchen samt Inhalt vorsichtig in einem Wasserbad, bis sich das Salz vollständig gelöst hat. Dann läßt man die Perlen auf einem weichen Tuch ausgebreitet an der Luft trocknen. Perlen, die vergilbt sind, legt man ganz kurz in erwärmten Weinessig und spült sorgfältig mit klarem Wasser nach. Diesen Vorgang eventuell wiederholen.

● **Korallen** sind zuweilen verfärbt oder verschmutzt. Die Farbe wird wieder klar, wenn Sie die Korallen sehr vorsichtig mit einer Kochsalzlösung bürsten.

● Erlöschendes **Feuer** läßt sich durch eine Handvoll Salz wieder entfachen. Dies ist auch nicht gefährlich wie z.B. die Unsitte, das Feuer mit brennbaren Flüssigkeiten zu entfachen. Sehr schwere Unfälle, vor allem, wenn Kunststoffkleidung getragen wurde, sind dadurch schon verursacht worden.

● **Bratpfannen,** vor allem die alten eisernen, reinigt man, indem man sie erwärmt, etwas Salz in die Pfanne gibt und mit Seidenpapier ausreibt.

● Das Reinigen von **Kuchenblechen** mit Wasser sollte man vermeiden, damit der nächste Kuchen nicht anklebt. Nur wenn das Blech sehr verschmutzt ist, z.B. vom Pflaumenkuchenbacken, mit heißem Wasser und Drahtwolle auswaschen. Dann sollte man es jedoch ganz leicht einfetten, etwa mit einer Speckschwarte ausreiben. Klebrigen Belag entfernt man vom erhitzten Blech mit Salz und Zeitungspapier. Ein rostiges Blech wird mit Salz bestreut und nach einigen Minuten mit einer Speckschwarte fest eingerieben. Dann mit Seidenpapier nachwischen. Zur Aufbewahrung das Blech einfetten und an einen trockenen Ort stellen.

● **Flaschenkorken** und **Korkgegenstände** werden wieder sauber, wenn man sie in Salzwasser aufkocht.

● Bei angebranntem Belag in **Kochtöpfen:** keine scharfen Gegenstände benutzen! Man füllt etwas Wasser in den Topf und gibt etwas Salz hinzu. Den Topf einige Stunden stehen lassen. Der angebrannte Belag läßt sich dann ohne große Mühe entfernen. In ganz hartnäckigen Fällen mit einer Sodalösung aufkochen. Aluminium jedoch verträgt kein Soda.

● **Fischgeruch** läßt sich aus Pfannen und Töpfen vertreiben: man streut Salz in die Pfanne und erhitzt sie. Sobald das Salz braun geworden ist, ist die Pfanne vollständig geruchlos. Das Salz wird

anschließend mit Papier abgerieben. Salz hat nämlich eine genauso große Reinigungskraft wie Wasser und Seife.

- Neue **Bürsten** halten länger, wenn sie in eine Salzwasserlösung getaucht (nur die Borsten) und anschließend stehend auf den Borsten getrocknet werden. Bürsten mit echten Naturborsten bürsten übrigens besser, schneller, gründlicher und sauberer als synthetische. Man sollte lieber eine gute Bürste kaufen, dafür ruhig etwas Geld anlegen und diese dann schonend und gut behandeln. Eine Naturbürste hält ein Leben lang.

- **Handbürsten** werden nicht so schnell weich, wenn man sie ab und zu in eine Lösung aus einem Liter Wasser und einem Eßlöffel Salz legt. Die Handbürste muß ca. 5 Stunden in der Lösung liegen bleiben.

- **Naturschwämme** (auch Kunststoffschwämme) kann man mit einer Lösung aus 125 g Kochsalz auf einen Liter Wasser reinigen, wenn man sie 24 Stunden in diese Lösung legt. Die Schwämme werden wieder wie neu!

- Das Wasser in der **Wärmflasche** hält sich länger warm, wenn man etwas Salz in Weinessig auflöst und diese Mischung dem Wasser zusetzt.

Falls Sie spinnen

Schafwolle darf vor dem Spinnen nie gewaschen werden. Das natürliche Fett der Wolle, das nach der Schur der Schafe jede Faser mikroskopisch umhüllt, läßt die Wolle besser durch die Finger gleiten, ist geschmeidiger, ergibt einen gleichmäßigeren Faden, und außerdem reißt der Faden beim Spinnen nicht so häufig.

- **Babyflaschen** reinigen: mit einer Kochsalzlösung werden die Fläschchen ausgewaschen, dann mit klarem Wasser nachgespült.

- **Babyschnuller** und **Flaschensauger** brauchen nicht jedes Mal nach Gebrauch ausgekocht zu werden: man kann sie auch anfeuchten und mit Kochsalz reinigen.

Kunst aus der Küche

Mit Lehm, Ton oder Gips wird seit Jahrtausenden modelliert. Die Modelliermasse aus Salz und Mehl kann man zwar nicht brennen, aber man kann sie trocknen lassen. Und die Zutaten findet man in jeder Küche! So wird's gemacht: Salz und Mehl im Verhältnis 1:1 miteinander vermischen, vorsichtig Wasser hinzufügen, gut rühren und kneten, bis die Masse geschmeidig ist. Sollte die Masse zu dünn geraten, kann unbesorgt weiter Salz und Mehl zugesetzt werden, vorausgesetzt, es geschieht immer im Verhältnis 1:1.

- Bei **Badewannen** keine groben Scheuermittel verwenden, da sonst auf die Dauer die Wanne Schaden nimmt und sich dann auf dem aufgerauhten Emaillebelag rasch neuer Schmutz ansetzt. Besser ist es, den Belag mit feinem Kochsalz oder Essig abzureiben. Dann gut nachspülen.

- **Schlauchboote** und **Schwimmtiere:** nach dem Gebrauch in Meerwasser sollten diese Gegenstände mit Süßwasser gut abgewaschen werden. Dann werden sie mit Glyzerin ganz dünn und gleichmäßig eingerieben und mit Talkumpuder bestreut. Durch diese Behandlung wird das Material nicht brüchig und klebt auch nicht zusammen.

- **Nikotinflecken** lassen sich von den Händen entfernen durch Bürsten mit Zitronensaft oder Essig, aus Porzellan, indem man die Flecken mit erwärmtem Salz abreibt. Bei Marmor bereiten Sie ein Gemisch aus Zitronensaft und Salz und reiben damit die Fensterbänke oder Tischplatten ab. Handelt es sich um hartnäckige Flecken, dann müssen Sie die Flecken mit der Mischung dick bestreichen, etwa eine halbe Stunde einwirken lassen und dann entfernen.

- **Fruchtsaftflecke** lassen sich, wenn sie frisch sind, mit lauwarmem Wasser entfernen, oder mit Salz bestreuen und auswaschen. Auch alte Flecken mit Salz bestreuen, dann in Kernseife waschen und in die Sonne zum Bleichen legen.

- **Rotweinflecken** entfernen: Bei Tischwäsche bestreuen Sie den Fleck sofort mit Salz und lassen es einwirken. Anschließend das Tischtuch mit klarem Wasser durchwaschen, in Buttermilch

einweichen und nochmals klar nachspülen. Bei Kleidern bestreuen Sie den Fleck sofort mit Salz und waschen mit nicht allzu heißem Wasser nach. Sie können den Fleck auch mit Salz bestreuen und anschließend mit Seife und unverdünntem Zitronensaft auswaschen.

- **Tintenflecken** können, wenn sie noch frisch sind, wirksam mit Salz behandelt werden. Salz zieht die Tinte heraus. Eventuell abschütteln und das verfärbte Salz erneuern. Ist die Tinte aufgesogen, mit Spiritus nachbehandeln.

- **Brandflecken** auf Textilien sofort mit Essigwasser abreiben oder mit Zitronensaft beträufeln, einige Zeit stehen lassen und anschließend mit klarem Wasser gründlich auswaschen. Oder den Fleck anfeuchten, etwas Salz überstreuen und dann in die Sonne zum Bleichen legen.

- **Brandflecken** auf Naturholz: den hölzernen Gegenstand (z.B. Kochlöffel), mit Sandpapier abschmirgeln. Bei Porzellan einen mit Wasser befeuchteten Korken in Salz tauchen und den Fleck damit ausreiben.

- **Brandflecken** auf weißer Wäsche (allerdings kein eingebranntes Loch!) kann man beseitigen, wenn man sie mit kaltem Wasser anfeuchtet, mit Salz bestreut und anschließend in die Sonne legt. Die Sonne besorgt alles weitere, und nach einigen Stunden sind die Flecken verschwunden.

- **Rußflecken** sollten nie feucht abgewaschen werden. Bestreuen Sie die Flecken dick mit Salz, warten Sie ab, und zum Schluß bürsten Sie sie aus.

Gesunder Piepmatz

Wenn Ihr Vogel Milben hat, hängt man an die Rückseite des Vogelkäfigs ein Stück dicken Filz. Die Milben siedeln sofort in den Filz um.

- **Eierflecken** auf silbernem Eßbesteck sind im Handumdrehen entfernt, wenn man sie mit angefeuchtetem Salz abreibt. Dann gut nachspülen.

● Den unangenehmen **Ölfarbengeruch** in neu gestrichenen Räumen kann man vertreiben, wenn man über Nacht eine Schale mit Salzwasser aufstellt und den Raum geschlossen hält.

● **Fettflecken** sind hartknäckig. Mit Salz jedoch, das man in Spiritus oder Salmiakgeist auflöst, lassen sie sich entfernen.

● **Braune Flecken** in Tee- und Kaffeekannen werden mit einem Gemisch aus Essig und Salz ausgerieben. Die Teekanne sollte allerdings nur warm ausgespült und der innere braune Belag nicht entfernt werden. Echte Teetrinker wissen das!

● **Kaffee- und Teefilter** verfärben sich beim Gebrauch. Sie werden wieder sauber, wenn man sie mit Salz ausbürstet.

● **Schmutzränder** an Waschgeschirren, Becken und Wannen lassen sich mit Salz schnell entfernen. Salz auf ein feuchtes Läppchen geben und einfach abwischen.

● **Kalkablagerungen** und **Wasserstein** entfernen: Wasser, dem man Essig und Salz zugefügt hat, bringt man im Wasserkessel zum Kochen. Die Lösung abkühlen und noch einige Stunden stehen lassen. In hartnäckigen Fällen wiederholen.

● **Abfluß** von unangenehmem Geruch befreien: gießen Sie eine konzentrierte Salzwasserlösung in den Abfluß. Gut nachspülen.

● **Gewürzsträußchen** verstauben und sind dann unansehnlich. Mit Salz kann man sie wieder auffrischen und vom Staub befreien. Nehmen Sie eine Tüte, geben Sie ein wenig sehr feines Salz hinein und schütteln Sie das Sträußchen vorsichtig in der Tüte.

Macht müde Herzen munter

Bei Herzschwäche ist dieser Likör ein sehr gutes Stärkungsmittel. Gerade für ältere Menschen ist er eine gute Medizin. Falls Sie ihn ohne ärztlichen Rat nicht einnehmen möchten, fragen Sie Ihren Arzt! Als Likör kann man Weißdorn in besonders angenehmer Form zu sich nehmen. Und hier das Rezept: Lassen Sie eine Handvoll Weißdornbeeren und 2 Stengel Melisse in einem Liter Branntwein, Korn, Gin oder Traubenschnaps 8 Tage lang zugedeckt ziehen. Seihen Sie die Flüssigkeit ab, fügen Sie 250 g braunen Zucker zu und lassen das Ganze in einem gut verschlossenen Einmachglas noch etwas ziehen. Fertig ist der Likör.

● Salz wird im **Salzstreuer** nicht feucht, wenn Sie ein Stückchen Löschblatt oder einige Reiskörnchen hineingeben.

Hausmittel und Medizin

● **Schluckauf** ist lästig und unangenehm. Man kann ihn beheben, wenn man eine Messerspitze Salz auf der Zunge zergehen läßt.

● **Stockschnupfen** kann man lindern, wenn man lauwarmes Salzwasser in die Nase aufzieht. In kürzeren Abständen wiederholen.

● Bei schweren **Halsentzündungen, Lungen- und Bronchialkatarrhen** wirken Salzumschläge wohltuend und heilend. Der Salzumschlag muß lauwarm aufgelegt werden.

● **Sodbrennen:** wenn Sie ein wenig Salzwasser trinken, wird es sofort besser.

● Bei **Bienen- und Insektenstichen legt man einen Salzbrei auf** die Stichstelle. Er verhindert die Schwellung und mindert auch den Schmerz.

Einfaches gegen Mundgeruch

● *Mit leichtem Salzwasser gurgeln.*
● *Eine Kaffeebohne kauen. Das ist ein besonders wirksames Mittel bei häufigem Tabak- und Alkoholgenuß.*
● *Einen Würfelzucker mit 2–3 Tropfen Lavendelöl beträufeln und ihn langsam im Mund zergehen lassen.*
● *Etwas rohe Petersilie kauen.*

● Salzwasser ist ein vorbeugendes **Desinfektionsmittel** der Atemwege, aber auch als Mund- und Gurgelwasser sehr nützlich. Mit Salzwasser den Mund spülen und gurgeln, das ist nicht nur erfrischend, sondern auch gesund.

● Das Einatmen von Kochsalzdämpfen ist ein gutes altes Hausmittel gegen **Heiserkeit.** Es beschleunigt die Heilung. Wenn Sie keinen Inhalator besitzen, sparen Sie sich den Gang zum Apotheker und die Kosten für ein solches Gerät. Drehen Sie einen Trichter um und atmen Sie die Dämpfe des heißen Kochsalzwassers ein.

Kosmetik und Körperpflege

● Ein durchblutungsförderndes **Vollbad** (für Personen mit zu hohem Blutdruck nicht geeignet): Geben Sie mindestens 1 kg und maximal 2 kg Salz in die Badewanne. Je nach Salzgehalt bewirkt das Bad eine intensive Durchblutungsförderung. Herzkranke sollten lieber vorher den Arzt fragen.

● **Salzfußbad:** Das warme Wasser sollte 35 bis 40°C haben und bis knapp unter das Knie reichen. Eine Handvoll Salz ins Wasser gegeben, erhöht die anregende Wirkung. Im salzigen Wasser nämlich reagiert die Haut 5 bis 7mal stärker als in normalem Wasser.

● Mit Meer- oder Kochsalz haben sich schon vor vielen hundert Jahren unsere Vorfahren die **Zähne geputzt.** Wie man weiß, mit gutem Erfolg. Gut nachspülen.

Ein duftiger Hüter des Hauses

Wenn Sie Ihr Haus oder Ihre Wohnung für längere Zeit unbewohnt lassen müssen, brauchen Sie nur lavendelölgefüllte Untertassen in den Zimmern aufzustellen. Sie können beruhigt lange fortbleiben, es erwartet Sie keine stickige Luft in den Zimmern, wenn Sie nach Hause zurückkehren, und auch Motten und Flöhe zeigen sich nicht.

Balkon und Garten

● **Blühende Kirschzweige** im Winter: Anfang Dezember müssen die Zweige geschnitten werden. Mit der abgeschrägten Schnittfläche werden sie in angewärmtes Wasser gestellt, dem Sie vorher eine Prise Salz zugesetzt haben. Zum Nachgießen auch nur angewärmtes und niemals kaltes Leitungswasser gebrauchen.

Natron

Natron ist ein weißes Pulver von mildem Geschmack. Es ist der Menschheit schon seit dem frühen Altertum bekannt. Die alten Ägypter gewannen Natron aus den Seen des Wady Natrun in Unterägypten, wo es auch heute noch vorkommt. Bei uns taucht es in vielen Mineralwässern auf.
Heutzutage gewinnt man Natron, ein Produkt von höchster Reinheit und angenehmem milden Geschmack, aus Kochsalz.
Beim Zusammenbringen von Natron mit Säuren oder deren wässrigen Lösungen entwickelt sich unter starkem Aufschäumen Kohlensäuregas. Daher spielt Natron eine große Rolle bei der fabrikmäßigen Limonadenherstellung.
Als Rohstoff zur Backpulverherstellung gebraucht man ebenfalls Natron, weil bei seiner Erwärmung Kohlensäure abgespalten wird.
Natron spielt auch im Körperhaushalt und im Stoffwechsel eine wichtige Rolle. Wie beispielsweise Kochsalz, Magensäure und Milchsäure gehört es zu den Substanzen, die im Körper durch Wechselwirkung ein chemisches Gleichgewicht herstellen.
Im Handel wird meistens doppeltkohlensaures Natron angeboten. Andere Namen für Natron: Natriumbikarbonat, Natriumhydrogenkarbonat, Natrium bicarbonicum, Speisenatron, Speisesoda.

Küche

● Wenn Sie **hartem Wasser** Natron zusetzen, wird es weich. Die härtebildenden Stoffe im Wasser werden in unlösliche Verbindungen umgewandelt und fallen am Boden aus. Hartes Wasser schadet dem Aroma von Kaffee und Tee. Das Aroma kann sich jedoch voll entfalten, wenn Sie dem Kaffeewasser eine Messerspitze Natron zusetzen oder mit auf den Filter geben.

● **Backsoda (baking soda):** in England und USA ist Natron unter dieser Bezeichnung bekannt, wo es vielfach an Stelle von Backpulver gebraucht wird. In englischsprachigen Kochbüchern finden sich viele Rezepte mit Backsoda.

● **Früchte** sollten niemals ungewaschen genossen werden. Besser noch als klares Wasser reinigt eine Natronlösung von 1-2 Teelöffel Natron auf 1 Liter Wasser.

● Zum **Obsteinmachen** und Einkochen nimmt man eine Messerspitze Natron auf 1 kg stark saure Früchte, wie z.B. Rharbarber, Johannisbeeren, Stachelbeeren, Pflaumen usw. So werden sie im Geschmack angenehm abgerundet und bekömmlicher.

● **Hülsenfrüchte** wie Erbsen, Bohnen und Linsen werden bekömmlicher und schneller weich, wenn Sie auf einen Liter Kochwasser einen Teelöffel Natron nehmen. In heißem Wasser wandelt sich Natron nämlich in das stärker alkalische Natriumkarbonat um. Die hartfaserigen Pflanzenteile, die Zellulose der Hülsenfrüchte, wird dadurch aufgeschlossen und schneller weich.

● **Kohl** kocht schneller weich, wenn man dem Kochwasser einen Teelöffel Natron auf einen Liter Wasser hinzufügt. Der strenge Kohlgeruch wird gemildert und auch die wertvollen Vitamine werden geschont.

● **Karotten** brauchen Sie nicht zu putzen, wenn Sie zum Säubern Natron verwenden. Kochen Sie einen Liter Wasser mit einem Löffel Natron auf, überbrühen Sie die Karotten, schrecken sie in kaltem Wasser ab, und nun kann man sie einfach häuten.

Backpulver selbst gemischt

Folgende Zutaten in der Drogerie abwiegen lassen: 190 g Weinstein, 40 g Mehl und 80 g Natron. Alles gut vermischen und in einer gut schließenden Blechdose trocken aufbewahren. Für 500 g Mehl braucht man von dieser Mischung 17,5 Gramm.

● **Fleisch** kann man im Sommer auch ohne Kühlschrank einige Tage frisch halten, wenn man es mit chemisch reinem, doppeltkohlensaurem Natron bestreut und an einem luftigen Platz aufhängt.

● Ein **angebrannter Braten** ist noch zu retten: die angeschwärzten Stellen schneidet man ab, gibt Fleisch und Sauce in einen frischen Topf und fügt eine Prise Natron hinzu. Das Natron nimmt der Sauce den angebrannten Geschmack.

● Ein **Fondue** oder **Käsefondue** können Sie auch abends ohne Angst vor Bauchweh und Schlaflosigkeit genießen, wenn Sie kurz vor dem Servieren eine Prise Natron in das Fondue geben. Außerdem wird die geschmolzene Käsemasse leicht, luftig und viel besser bekömmlich.

● Ranzig gewordene **Butter** wird wieder genießbar, wenn sie wiederholt mit Natronwasser durchgeknetet wird. Das Wasser muß dabei immer wieder erneuert werden.

Wie zu Omas Zeiten

Ein sprudelndes, wohlschmeckendes und sehr preiswertes Erfrischungsgetränk können Sie sich selbst zubereiten: Einem Glas kalten Wassers Zucker, Zitronensaft (oder Essig) und ½ Löffel Natron zufügen (In meinen Kindertagen gab es diese Limonade mit den verschiedenen hauseingemachten Säften aus dem Keller, und auch heute noch trinke ich sie gerne im Sommer an heißen Tagen).

Haushalt

● Aus dem **Kühlschrank** kann man mit Natron schlechte Gerüche vertreiben. Man streut den Inhalt eines 50-g-Beutels auf eine Untertasse und setzt diese in den Kühlschrank. Nach einiger Zeit auswechseln. Das gebrauchte Natron kann man noch weiterverwenden. Man schüttet es in den Abfluß. Es vermeidet auch dort schlechte Gerüche.

● Schütten Sie ab und zu einen Beutel von 50 g Natron in den **Abfluß.** Sie können dadurch schlechte Gerüche vermeiden, ohne gleich zu chemischen Giften zu greifen, die die Umwelt gefährden.

● **Silber, Bestecke** und **Schmuck** reinigen: legen Sie in eine Plastikschüssel mit heißem Wasser ein Stück Alufolie. Lösen Sie dann im Wasser einen Löffel Natron und einen Löffel Kochsalz auf. Nun legen Sie das Silber auf die Folie – es wird nach kurzer Zeit blank. Etwaige Belagreste werden mit einem weichen Lappen entfernt.

● Ist ein Gegenstand aus **Zinn** nur leicht verschmutzt, genügt schon ein feuchter Lappen, den Sie leicht in Natron stippen und dann den Gegenstand damit abreiben.

● **Filigran** können Sie mit Natron reinigen. Die Schmuckstücke mit Natron einreiben, in eine Schale geben, mit heißem Wasser übergießen und anschließend behutsam trockenreiben.

● **Chrom** ist nicht immer gegen Feuchtigkeit sicher. Es kann nicht nur unansehnlich werden, sondern auch Rost ansetzen. Verchromte Gegenstände reibt man von Zeit zu Zeit mit Vaseline ein, wäscht anschließend mit warmem Wasser nach und poliert, bis es trocken ist. Farbspritzer auf Chromteilen (z.B. Türklinken) entfernt man so: die Teile für ein paar Minuten in kochendes Wasser legen, dem Sie vorher etwas Natron zugefügt haben. Lack und Farbe wird gelöst, und man braucht nur noch mit einem Lappen gut abzuwischen.

● Wollen Sie sehr engzinkige **Kämme** säubern, müssen Sie auf den Kamm feuchtes Natron aufstreuen, mit einer Nagelbürste gut durchbürsten und anschließend abbrausen.

● **Babyflaschen** kann man auf eine einfache Weise keimfrei machen: kochen Sie sie einfach in sauberem Wasser aus. Die Flaschen verlieren den unangenehm säuerlichen Geruch, wenn Sie mit einer Natronlösung spülen. Geben Sie 2 bis 3 Teelöffel Natron ins heiße Spülwasser. Milchgeschirre reinigt man auf die gleiche Weise.

● **Kunststoffsitze** und **Armaturen** (Auto) werden mit einer Lösung aus 6 Eßlöffel Natron auf 2 Liter Wasser gereinigt.

● **Insekten auf Windschutzscheiben** lassen sich einfach entfernen: Streuen Sie etwas Natronpulver auf einen feuchten Lappen, Schwamm oder Leder und reiben Sie die Insekten ab. Mit klarem Wasser nachspülen.

Winterputz

Kostenlos und mit wenig Kraftaufwand können Teppiche und Läufer im Winter im trockenen, frisch gefallenen Schnee einer Generalreinigung unterzogen werden: Den Teppich zusammenrollen und im Freien gut auskühlen lassen; denn warme Teppiche saugen sehr viel Feuchtigkeit auf und werden naß. Dann mit der Oberseite auf den Schnee legen, mit einem Teppichklopfer den Staub ausschlagen und den Teppich noch ein- oder zweimal auf eine saubere Stelle wechseln und klopfen, bis der Schnee sauber bleibt. Der Teppich wird ganz sauber und die Farben leuchtend und frisch. Zum Schluß alle Schneereste sorgfältig abbürsten.

Hausmittel und Medizin

● Bei **Magenbeschwerden** wie beispielsweise Aufstoßen oder Brechreiz trinkt man ein Glas Wasser mit einem Teelöffel Natron. So kann man saures Aufstoßen und Völlegefühl nach reichlichen, schweren Mahlzeiten, Süßigkeiten, Kaffee, Sahne und Kuchen rasch beseitigen.

● Bei **Sodbrennen** eine Messerspitze Natron in einem Glas Wasser einnehmen. Natron sollte jedoch nicht zu oft eingenommen werden, da es die Magensäure nicht nur sehr rasch neutralisiert, sondern den Magen auch gleichzeitig wieder zu verstärkter Magensäurebildung anregt. Tritt das Sodbrennen häufiger auf, müssen Sie unbedingt zum Arzt.

● **Reisebeschwerden:** Luft- und Höhenveränderung verursachen oft eine Übersäuerung des Magens. Auf ein Glas Wasser nimmt man dann einen Teelöffel oder 1-2 Tabletten Natron.

● Gegen **Insektenstiche** hilft es, wenn man auf die Einstichstelle einen Brei aus Natron und Wasser aufträgt. Die Schmerzen und die Schwellung lassen dann sofort nach.

- Sind Sie beim Schwimmen im Meer mit **Quallen** in Berührung gekommen und werden von Schmerzen und Juckreiz geplagt, dann waschen Sie die betroffenen Stellen mit einer Lösung von 2 Teelöffel Natron auf ein Liter Wasser ab. Nicht sofort abtrocknen und eventuell wiederholen. Sind Sie jedoch mit einer giftigeren Quallenart in Berührung gekommen, reicht diese Behandlung nicht aus, und Sie sollten sofort ärztliche Hilfe in Anspruch nehmen!

Kosmetik und Körperpflege

- **Badezusatz:** ein von Natron erhärtetes Badewasser erfrischt und fördert die Durchblutung. Auf ein Vollbad nimmt man ca. 2 Beutel zu 50 g Natron. Es sollen nicht mehr als zwei Bäder die Woche genommen werden. Nach einer „Kur" von insgesamt 10 Bädern mindestens einen Monat aussetzen. Bei älteren Menschen ist ärztliche Aufsicht angezeigt! (Die russische Ärztin Dr. Olga Lepeschinskaja, bekannt geworden durch ihre Altersforschungsinstitute, schreibt regelmäßigen Natron-Vollbädern eine verjüngende Wirkung zu).
- Nehmen Sie für Ihr **Mundwasser** einen Teelöffel Natron auf ein Glas Wasser und spülen Sie damit kräftig Ihren Mund. Sie können auch damit gurgeln.
- Natron beugt weitgehend der gefürchteten **Karies** vor, weil es die sauren Speisereste zwischen den Zähnen neutralisiert. Einen Teelöffel Natron auf ein Glas Wasser geben und kräftig damit spülen und gurgeln.

In die Brennesseln gefallen?

Waschen Sie die schmerzenden und juckenden Hautstellen mit einer Lösung von 2 Teelöffeln Natron auf einen Liter Wasser und trocknen nicht sofort ab.

● **Zahnprothesen** kann man mit Natron säubern. Sie verlieren den unangenehmen Geschmack und Geruch, wenn man einen Teelöffel Natron auf ein Glas Wasser nimmt und damit spült und auch den Mund durch Spülen und Gurgeln reinigt. In einer Lösung aus einem Teelöffel Natron auf ein Glas Wasser werden die Prothesen in der Nacht aufbewahrt.

● Beim **Haarewaschen** mit Kamillentee, dem man etwas doppeltkohlensaures Natron hinzugefügt hat, erzielt man das viel bewunderte Goldblond der Haare.

● Für die **Hunde-Kosmetik:** geben Sie etwas Natron in das Badewasser. Das Fell wird schön weich und bekommt auch mehr Glanz.

● Kartoffel- oder Stärkemehl mit Natron vermischt kann man auch als Trockenshampoo für alle **Pelztiere** verwenden. Es muß gut eingerieben und dann ausgebürstet werden. Natron vertreibt auch Schweißgeruch aus dem Fell.

Balkon und Garten

● Natron hält den pH-Wert von **Schwimmbecken** konstant im idealen Bereich zwischen 7,4 und 8,2. Das Wasser brennt nicht in den Augen. Die Klarheit des Wassers wird verbessert. Auf 10 cbm Wasser nimmt man 1 kg Natron.

● Der pH-Wert des **Aquarienwassers** kann mit Natron aus dem sauren in den neutralen oder leicht alkalischen Bereich verschoben werden. Benutzen Sie dazu den Indikator.

● Bei Berührung mit **Primelgift** waschen Sie die schmerzenden und juckenden Hautstellen mit einer Lösung von 2 Teelöffel Natron auf ein Liter Wasser ab, trocknen aber nicht sofort ab.

Ruß

Ruß ist feinverteilter Kohlenstoff, der sich aus Verbrennungsgasen bildet. Kohlenstoff ist ein gutes Düngemittel. Neben Ruß ist auch die Asche ein Verbrennungsrückstand. Während man den Ruß aus Öfen, Herden und Kaminen unbesorgt verwenden kann, sollte man auf keinen Fall den Ruß aus dem Ölheizungskamin gebrauchen. Er enthält zu viel Schwefel oder Schwefelsäure und ist giftig!
Um zu verhindern, daß sich Ruß und Asche in kleinsten Partikelchen überall im ganzen Haus verbreiten, muß man die Asche vor dem Entfernen mit einem Wasser-Zerstäuber besprühen, also feucht machen. Die Asche in einen Eimer füllen und mit nassem Zeitungspapier abdecken. Asche gehört nie in den Müll, sondern auf den Kompost. Bei Rußflecken müssen Sie zunächst den anhaftenden Ruß wegblasen oder wegschütteln. Dann Salz auf den Flecken streuen und einwirken lassen. Mit einer Bürste gut ausbürsten. Auch mit einem Knetgummi läßt sich der Ruß entfernen. Machen Sie jedoch nur kreisförmige Bewegungen, da es sonst häßliche Flecken geben würde. Wenn Sie auf offenem Feuer kochen und sich Ruß an der Unterseite des Topfes festgesetzt hat, dann können Sie Abhilfe schaffen, wenn Sie den Topf mit Schmierseife einreiben und den Ruß dann entfernen.
Daß Ruß auch ein Freund im Haushalt und vor allem im Garten sein kann, zeigen die folgenden Hinweise.

Haushalt

- Flecken von **polierten Möbeln** kann man mit einem angerußten Korken entfernen. Sie können dazu auch Zigarrenasche mit Öl anfeuchten und den Flecken mit einem Lappen bearbeiten. Polierte Möbel sind jedoch sehr empfindlich gegen Feuchtigkeit und Hitze und sollten deshalb nur von einem Fachmann aufpoliert werden.
- Ein gutes Reinigungsmittel für **Eisen** und **Metall** ist Holzasche, mit einigen Tropfen Salatöl vermischt.

● **Silberschmuck** reinigen: man taucht ein weiches Tuch in sehr feine Asche (notfalls kann man auch Zigarettenasche verwenden) und reibt den Schmuck damit ab.

● Kohlenstaub als **Flaschenreinigungsmittel:** spülen Sie die Flasche aus und füllen Sie sie halb mit Wasser, geben eine Handvoll Kohlenstaub hinein, schütteln kräftig und spülen gut nach. Durch diese Prozedur werden Flaschen nicht nur sauber sondern auch geruchlos.

Die Waschmaschine ohne Waschpulver

Entweder eine Waschlauge herstellen aus geraspelter Marseiller Seife bzw. guter Kernseife und Wasser und diese statt Waschpulver verwenden. Oder man reibt die nasse Wäsche (besonders die schmutzigen Stellen) mit trockener Marseiller Seife ein und läßt sie einige Stunden ruhen. Dann steckt man alles in die Waschmaschine und wäscht wie üblich, aber ohne die handelsüblichen Waschpulver. Wenn die Waschmaschine überschäumen sollte, Essig hinzufügen, und der Schaum wird reduziert.

Balkon und Garten

● **Pflanzen** wachsen schneller, wenn man dem Boden Ruß zusetzt. Das haben neueste Studien in den USA ergeben. Der Ruß hat keine düngende, sondern eine rein physikalische Wirkung, die schwarze Farbe des Rußes nämlich saugt Wärme- und Lichtstrahlen auf und erhöht so die Bodentemperatur. Diese Studie belegt uralte Erfahrungen, nach denen Weinbauern Schieferplatten in den Weinbergen auslegten oder die Chinesen dunkle Steinplatten in ihre Kulturen, die ein rascheres Wachstum bewirken. Diese Tatsache sollten sich alle Balkon- und Gartenfreunde zunutze machen, indem sie in ihren Beeten und Blumenkästen, wenn schon keinen Ruß, der ja heutzutage Mangelware ist, so doch dunkle Steine als Beeteinfassung etc. verwenden.

Waschpulver vom Baum

Gewöhnliche Roßkastanien sind ein gutes Waschmittel. Sie enthalten nämlich Saponin. Die Kastanien schälen, fein reiben, trocknen und zu einem möglichst feinen Pulver mahlen. In Glasgefäßen aufbewahren.

- Zigarrenasche sollten Sie nicht in den Müll sondern in die **Blumentopferde** Ihrer Zimmerpflanzen oder die Balkonkästen streuen. Als Ungezieferverhütungsmittel erspart sie Ihnen viel Arbeit.
- Holzasche aus dem Kamin sollte nicht in den Müll sondern auf den **Komposthaufen** kommen, falls Sie einen Garten haben.
- Holzasche ist ein ausgezeichnetes Mittel gegen **Insekten** aller Art. Man bestreut damit die Pflanzen und die Erde.
- **Würmer** aus Blumentöpfen kann man mit Ruß vertreiben. Man vermischt Ruß mit Wasser und gießt damit die Pflanzen.
- **Blattläuse** kann man im Garten vertreiben, wenn man die taufeuchten Blätter mit Holzasche bestäubt.
- Ein Streifen von Holzasche um die einzelnen Pflanzen oder um das Gemüsebeet gelegt, schützt vor **Schneckenbefall.** Allerdings muß die Asche nach jedem Regen wieder von neuem angeschüttet werden.

Wandersmann, aufgepaßt!

Wichtiger Tip für Wanderer, die im Wald im Freien übernachten: In die Zeltdecke einige Lavendelblüten einnähen oder hineinlegen. Dies ist ein sicheres Mittel, daß nicht eine einzige Ameise oder irgendein anderes Insekt den im Wald Schlafenden stört.

Walnuß

Die Griechen nannten den Walnußbaum ein königliches Gewächs, und bei den Lateinern war er Jupiter, dem mächtigsten aller Götter geweiht. Die ursprünglich in Vorderasien heimische Walnuß findet man heute überall in Europa. Die besten Walnüsse liefert Frankreich. Aus der Grenobler Gegend kommt eine Spitzenqualität. Diese dünnschaligen Nüsse kann man mit der Hand öffnen. Sie haben einen großen Kern von makelloser weißer Farbe und einen milden Geschmack. Die grüne Frucht ist sehr Vitamin-C-reich. In einer Frucht sind bis zu 1,5 Gramm Vitamin C enthalten. Walnüsse enthalten außerdem viel Vitamin B, Proteine, Fettstoffe und assimilierbare Zucker, die z.B. für Zuckerkranke wenig gefährlich sind.
Wird die Nuß trocken, ist sie weniger gut verdaulich, denn die Konzentration ihrer Fettstoffe wird mit der Lagerung immer höher. Der Ölgehalt der Grenobler Nüsse beispielsweise ist sehr gering, und sie läßt sich deshalb länger aufbewahren. Ist die Walnuß alt, reizt sie die Verdauungsorgane. Vorzüglich ist das aus den Walnüssen gewonnene Öl, das heute leider sehr teuer geworden ist. Reife, getrocknete Walnüsse kann man so aufbewahren: einen Steintopf füllt man bis ungefähr zur Hälfte mit feinem weißen Sand, gibt die Walnüsse hinein und bedeckt sie auch wieder mit Sand. Der Steintopf muß im Keller aufbewahrt werden. Die Blätter der Walnuß enthalten Gerbstoffe, ein ätherisches Öl und den Bitterstoff Juglon. Verwendet werden die Fiederblättchen ohne die Blattspindel. Der Walnußbaum liefert ein herrliches, glänzendes, schwarzes Holz.

Bremsenbremse

Ihr Pferd wird von Fliegen gemieden, wenn Sie es mit kaltem Walnußblättertee abreiben. In der warmen Jahreszeit und besonders bei Gewitter kann dadurch Pferd und Reiter geholfen werden, wenn Bremsen das Pferd quälen und es dadurch unberechenbar wird.

Haushalt

● Walnußschalen als **natürliches Färbemittel:** grüne Walnußschalen legt man in kaltes oder auch warmes Wasser. Dadurch entsteht eine braune Beize, mit der man Garne oder Stoffe färben kann. Die zu färbenden Textilien werden einige Zeit in die Beize hineingelegt und erhalten ohne große Mühe und ohne Aufwand eine schöne, braune Farbe.

● **Kratzer in Nußbaumholz** lassen sich mit einer frischen Walnuß entfernen. Die Nuß wird geschält, halbiert und der Kratzer wird mit der Schnittfläche der Walnuß eingerieben.

Nußfarbe für Holzfans

Schalen von Walnüssen sind ein ausgezeichnetes Färbe- bzw. Anstrichmittel für rohes Holz: Zur Zeit der Walnußernte sammelt man die grünen und braunen Walnußschalen. Die Schalen gibt man in einen Kochtopf (am besten aus Emaille, nie aus Eisen!), übergießt sie mit Wasser und bringt sie zum Kochen. Danach nimmt man die Schalen heraus und läßt den Sud so lange einkochen, bis er die gewünschte Farbe – heller oder dunkler – hat, die man mag. Jetzt können Sie den Sud in Flaschen abfüllen. Er hält sich sehr lange.

Hausmittel und Medizin

● Eine **Blutreinigungskur** ist auch für Gesunde nützlich. Trinken Sie vier Wochen lang zweimal täglich eine Tasse Walnußblättertee.

● Gegen **Blasen an den Füßen** (z.B. nach einer langen Wanderung oder bei zu engen Schuhen) helfen Umschläge mit Walnußblättern. In ½ l Wasser werden 25 g Walnußblätter 20 Minuten lang gekocht. In der abgeseihten Flüssigkeit werden Leinenläppchen getränkt und auf die Blasen aufgelegt.

● Wird ihr Hund von **Ungeziefer** geplagt, mischen Sie einige Walnußblätter unter das Lagerstroh.

Balkon und Garten

● Der Geruch der Walnußblätter vertreibt **Wühlmäuse.** Da diese Tiere weitverzweigte Gänge ins Erdreich bauen, sollte man hier und da einige Walnußblätter in die Gänge legen. Sollten keine Walnußblätter zur Verfügung stehen, kann man auch Knoblauchzehen oder Fischköpfe nehmen.

● **Regenwürmer** aus Blumentöpfen vertreibt man so: einen Sud aus Walnußblättern kochen, abkühlen lassen und die Pflanzen damit begießen. Die Regenwürmer können dann leicht an der Oberfläche entfernt werden. Das Mittel ist für Pflanzen vollkommen unschädlich.

Ein Nußlikör zur Stärkung

Die Walnüsse dürfen nicht zu früh gepflückt werden, sonst wird der Likör zu bitter. In Südfrankreich z.B. werden die grünen Walnüsse traditionsgemäß am Johannistag (24. Juni) gepflückt. In Deutschland sollte man mindestens einen Monat länger damit warten, eventuell sogar bis Ende Juli, Anfang August, je nach der Witterung des Frühjahrs und des Sommers. Rezept: 20 grüne Walnüsse, ½ kg Zucker, 2½ Liter alter Rotwein und ¼ Liter Branntwein (40–50 %). Die grünen Walnüsse werden kleingeschnitten (die Finger färben sich dabei, evtl. Gummihandschuhe anziehen) und mit den anderen Zutaten in ein großes Glasgefäß gegeben. Dieses 6 Wochen, eventuell noch länger, in der Sonne stehen lassen. Dann wird abgeseiht, und der Likör ist fertig.

Zwiebel

Die sehr vitaminreiche Zwiebel ist mit dem Knoblauch verwandt. Was die Heilkraft betrifft, so steht die Zwiebel dem Knoblauch keineswegs nach. Man erntete sie schon Jahrtausende vor der christlichen Zeitrechnung bei den alten Ägyptern. Die Griechen, Römer und unsere Vorfahren im Mittelalter verbrauchten davon beachtliche Mengen.
Die Zwiebel stellt das Gleichgewicht aller wichtigen Körperfunktionen wieder her. Seit Menschengedenken wurde sie auch als Schönheitsmittel verwandt. Roh, mit Salz oder im Salat, ist die Zwiebel ein gesundes Nahrungsmittel, kann jedoch empfindlichen Mägen Schwierigkeiten bereiten. Gekocht ist sie für alle zu empfehlen und geeignet: sie regt den Verdauungsapparat an und verhütet auf diese Art und Weise übermäßige Nervosität, Arterienverkalkung, hohen Blutdruck und Schlaflosigkeit. Die Zwiebel regt die Nierentätigkeit an, hat auch schweißtreibende Fähigkeiten und bewirkt dadurch die Beseitigung von Giftstoffen bei Infektions- und anderen Krankheiten. Da sie reich an Vitamin C ist, wirkt sie auch gegen Skorbut. Gegen die Zuckerkrankheit ist sie ebenfalls wirksam, denn sie senkt durch einen ihrer Wirkstoffe, das Glucocinin, den Zuckergehalt im Blut.
Durch ihre Bestandteile war und ist die Zwiebel auch heute noch ein unentbehrlicher Helfer im Haushalt.
Es gibt unzählige Zwiebelsorten. Die sogenannten Gemüsezwiebeln, die im Süden wachsen, sind für die Ernährung besser geeignet als die im Norden gewachsenen, weil sie milder sind. Als „medizinische" Zwiebeln jedoch sind die aus den nördlichen Regionen wirksamer.

Wissenswertes rund um die Zwiebel

- *Zwiebeln sind reif, wenn die Schalen sich trocken anfühlen und knistern.*
- *Schalotten sind würziger und feiner im Aroma. Sie brauchen nur einen Bruchteil davon im Vergleich zur großen Speisezwiebel, vor allem zum Braten und zum Anmachen von Salaten sollte man sie benützen. Zur Suppe ist die Gemüsezwiebel besser geeignet.*

● *Angeschnittene Zwiebeln so aufbewahren: Schnittfläche mit Fett bestreichen, Schale nicht entfernen, mit der Schnittfläche auf einen Teller legen und ein Glas darüber stülpen.*

● *Angeschnittene Zwiebeln bleiben frisch, wenn Sie sie in ein Butter- oder Margarinepapier einwickeln. Eine angeschnittene Zwiebel, für die man im Augenblick keine Verwendung hat, legt man mit der Schnittfläche in Salz. Auf diese Weise trocknet sie nicht aus.*

● *Zwiebeln nicht im Keller, sondern in Netzen in der Speisekammer oder auf dem Boden aufheben. Sie müssen luftig aufgehängt werden.*

● *Erfrorene Zwiebeln werden süßlich im Geschmack. Die Zwiebeln sollten dann nicht im warmen Raum aufgehoben, sondern zum Auftauen kühl gelagert werden. Nach dem Auftauen sind sie wieder verwendbar, in ihrer Haltbarkeit jedoch sehr begrenzt. Sind Zwiebeln ganz durchgefroren, muß man sie wegwerfen.*

Zwiebelwein

500 g feingeschnittene Zwiebeln und 150 g Honig in einen Liter Weißwein geben, alles gut umrühren und 48 Stunden ziehen lassen. Dann abseihen. Der Zwiebelwein wirkt bei Husten schleimlösend. 6 mal täglich ein Likörglas voll davon trinken.

● *Es hängt von der Zwiebelsorte ab, ob Sie beim Schälen mehr oder weniger weinen müssen. Sie brauchen z.B. keine Träne zu vergießen, wenn Sie Schalotten verwenden. Gegen Tränen beim Zwiebelschneiden gibt es viele Tips: Sie können einen Schluck Wasser in den Mund nehmen und das Wasser darin behalten; oder die Zwiebeln in einer großen durchsichtigen Plastiktüte bearbeiten; oder eine Brille (Sonnen-, Ski- oder Taucherbrille z.B.!) aufsetzen und das Fenster öffnen; oder die Zwiebeln unter Wasser bearbeiten; oder – das hilft vorzüglich – Sie zünden eine Kerze an und schauen ab und zu ins offene Feuer!*

● *Wenn Sie mit Zwiebeln arbeiten, sollten Sie, wegen des typischen Geruchs, Gummihandschuhe anziehen.*

● *Haben Hände oder Bestecke Zwiebelgeruch angenommen, werden sie nicht mit heißem, sondern mit kaltem Wasser abgespült. Sie können die Hände auch mit Salz abreiben und mit kaltem Wasser nachspülen oder in Essigwasser waschen.*

● *Bei Zwiebelgeruch am Messer müssen Sie das Messer ein paar Mal durch eine Mohrrübe ziehen. Danach ist der Zwiebelgeruch verschwunden.*

● *Zwiebelgeruch von Holzbrettchen und Holzbestecken läßt sich entfernen, indem Sie sofort mit kaltem Wasser spülen. Damit der Geruch nicht so sehr in die Brettchen einzieht, vor dem Gebrauch mit kaltem Wasser spülen. Auch ziehen dann andere Gerüche und Säfte nicht so in das Holz ein, wie beispielsweise Saft von rohem Fleisch, Fischgeruch usw.*

● *Zwiebelgeruch von Porzellan entfernen Sie, wenn Sie die Teile mit sehr feinem Sand abreiben.*

Küche

● Es ist nicht dasselbe, ob Sie eine **Brühe** mit einer geschälten oder ungeschälten Zwiebel kochen. Probieren Sie es einmal aus. Dabei muß die Schale, wie bei jedem anderen Gemüse auch, gewaschen und die Wurzeln entfernt werden.

● **Zwiebelscheiben** werden besonders rasch braun und knusprig, wenn sie vor dem Braten mit Mehl überstäubt werden. Schalotten bräunen schnell, gleichmäßig und sind auch ohne Mehl sehr knusprig.

● **Zwiebelringe** werden weich und brauchen weniger Fett, wenn Sie die Zwiebeln während des Bratens zudecken, eventuell etwas Brühe oder Wasser dazugeben.

● Wenn Sie dem Fett eine Prise Zucker zufügen, **kandieren** die Zwiebeln und werden knuspriger, sie sind auch appetitlicher und schmackhafter.

Der sichere Platz

Kostbare Pelze und Kleider sind vor Mottenfraß absolut sicher, wenn man sie in Sandelholz- oder Zedertruhen aufbewahrt.

Haushalt

● Sehr **verschmutzte Fensterscheiben** kann man mit Zwiebeln reinigen. Eine Zwiebel halbieren, die Scheibe damit einreiben. Sobald die Zwiebel schmutzig ist, immer wieder eine dünne Scheibe abschneiden.

● Zwiebelhälften sind ein gutes Reinigungsmittel für **Holzrahmen, Kupfergegenstände** und zur Beseitigung von **Fliegenschmutz.**

Aus der Vorkühlschrankzeit

„Eis bei heißem Wetter länger zu erhalten, ist schwierig. Man nehme einen großen Eimer, lege ein großes Stück Flanell darüber und binde es mit einem Bindfaden oben um den Rand herum fest. Das Eis lege man nun auf den Flanell. Da das Wasser durch den Flanell abläuft, bleibt das Eis trocken und schmilzt nicht so schnell. Sollte der Stoff zu dicht sein, mache man kleine Öffnungen in den Stoff."

● **Fliegenschmutz auf Ölgemälden** kann man mit einer aufgeschnittenen Zwiebel entfernen. Anschließend mit lauwarmem Wasser vorsichtig nachwischen.

● **Goldschmuck,** der matt geworden ist, glänzt wieder, wenn man ihn mit dem Saft einer Zwiebel einreibt. Man läßt den Zwiebelsaft mehrere Stunden einwirken, danach putzt man das Gold mit einem weichen Tuch schön blank.

● **Goldborten** werden mit einer aufgeschnittenen Zwiebel abgerieben und mit klarem Wasser nachgespült.

● **Lackschuhe** bekommen Sie auf Hochglanz, wenn Sie sie nach gründlicher Staubentfernung mit einer halbierten Zwiebel einreiben. Dabei dürfen die Schuhe aber nicht zu feucht werden.

● **Angesengte Wäsche:** Sengflecke sind nach 10 Minuten nicht mehr zu sehen, wenn Sie eine rohe, geschälte Zwiebel auflegen. Bei Sengflecken auf Wolle sollten Sie reinen Zwiebelsaft gebrauchen, die Sengstelle mehrmals vorsichtig damit einreiben und mit kaltem Wasser nachspülen.

● Zwiebeln als **Klebehilfe:** Papier auf Metallflächen zu kleben, ist manchmal gar nicht einfach. Zunächst waschen Sie die zu beklebende Fläche gründlich mit einer Sodalösung ab. Anschließend muß die Stelle mit einer frisch auseinandergeschnittenen Zwiebel abgerieben werden. Dann das Papier sofort mit Leim aufkleben; es haftet einwandfrei.

Hausmittel und Medizin

● **Erkältungskrankheiten** kann man durch reichlichen Zwiebelgenuß vorbeugen.

● Das folgende Rezept ist ein besonderes gutes, altes Hausmittel gegen **Husten.** Es hat sich herausgestellt, daß es auch besonders für ältere Menschen geeignet ist: 2 Liter Wasser müssen mit 500 g Zwiebeln 2 Stunden lang gekocht werden. Die Zwiebeln werden dann durch ein Sieb passiert und der Saft mit Honig nach Geschmack gesüßt (sollte kein Honig im Hause sein, ist auch Kandiszucker gut geeignet).

● Bei **Halsweh** zunächst einige in Scheiben geschnittene Zwiebeln in Wasser abkochen und die Scheiben auf den Hals legen. Erst mit einem Handtuch, dann mit einem wollenen Schal umwickeln. Sie können auch den Hals mit dem Sud abgekochter Zwiebeln einreiben und danach ebenfalls warm umwickeln.

● Gegen **Schlaflosigkeit:** der Schlaf wird ziemlich rasch eintreten, wenn Sie vor dem Zubettgehen einige Speisezwiebeln in Milch abkochen und essen. Dies ist ein gesundes, gutes Schlafmittel. Wenn Sie dieses Mittel öfter anwenden, werden Sie auch eine reine Gesichtshaut bekommen.

● Bei zuviel **Magensäure** und **Brennen im Magen** nach der Mahlzeit 1 Glas Wasser mit dem Saft einer halben Zitrone, gesüßt mit

Honig, trinken. Außerdem einen heißen Wickel für den Magen bereiten: 2 Zwiebeln, 2 Kohlblätter (oder 2 Kohlblätter und 2 Hände voll Efeu) und 4 Hände voll Kleie zusammen in Wasser aufkochen, auf ein Leinentuch geben und auf die schmerzende Stelle legen. Mit einem wasserundurchlässigen Tuch abdecken.

● Gegen **Abszesse** und **Furunkel** hilft eine Zwiebelpackung: eine Zwiebel im Ofen garen, mit einer Gabel zerdrücken und so heiß, wie es die Haut aushält, auf den Abszeß legen. Dann mit einer ebenfalls körperwarmen Kompresse abdecken. Verfügt man über keinen Ofen, so kann man die Zwiebel in etwas Wasser kochen, die Kompresse in dem so gewonnenen Zwiebelsaft tränken und wie oben auflegen.

● Zwiebeln helfen auch gegen **Artheriosklerose:** Zwiebeln in Scheiben schneiden, ½ Tag in Olivenöl einlegen und anschließend essen, oder in Scheiben geschnittene Zwiebeln in warmem Wasser einweichen und das „Beizwasser" auf nüchternen Magen trinken. Oder Zwiebeln roh mit Salz und Pfeffer essen (in Bulgarien gibt es überdurchschnittlich viele Hundertjährige und wenig Krebskranke: dort ißt man viel Knoblauch und Zwiebeln!).

● Altes Hausmittel gegen **Ohrensausen:** Zwiebelsaft in die Ohren träufeln und ein kleines Pflaster von Tannenharz hinter die Ohren kleben. Oder einen mit Zwiebelsaft getränkten Wattebausch ins Ohr stecken.

Das hält kein Husten aus

Man braucht 500 g klein zerschnittene Zwiebeln, 80 g Honig und 400 g Zucker. Diese Zutaten 3 Stunden lang in einem Liter Wasser kochen lassen. Nach dem Abkühlen durchseihen und in Flaschen füllen. Bei Husten täglich 4–5 Eßlöffel lauwarm einnehmen.

● **Ohrenschmalz** entfernt man nach einem alten Hausrezept so: durch Auflegen erwärmter Zwiebeln auf beide Ohren wird Ohrenschmalz, das verhärtet ist, über Nacht weich. Es kann dann mühelos entfernt werden.

● Bei **Bienen- und Wespenstichen:** Zunächst Stachel entfernen, dann frisch zubereitetes Zwiebelmark auf die gerötete Stelle geben und leicht verbinden. Oder mit einer aufgeschnittenen Zwiebel über die Einstichstelle streichen. Der Zwiebelsaft lindert auch den Juckreiz.

● **Erfrorene Glieder** behandelt man mit dem Brühwasser von ganzen Zwiebeln. Einige Zwiebeln mit den Schalen kleinschneiden und mit kochendem Wasser überbrühen. Mit dem Sud die erfrorenen Glieder waschen.

Kosmetik und Körperpflege

● Für eine **reine Gesichtshaut** kochen Sie einige Speisezwiebeln in Milch auf und essen Sie den Brei. Wenn Sie ihn vor dem Schlafengehen zu sich nehmen, werden Sie außerdem schnell und gut schlafen.

● Gegen **Haarausfall** gibt es ein billiges und gutes Hausmittel: halbieren Sie eine Zwiebel und bearbeiten Sie mit der Schnittfläche den Haarboden. Die Haarwurzeln werden durch die in der Zwiebel enthaltenen Vitamine gekräftigt. Von dem Zwiebelgeruch bleibt nichts zurück, wenn Sie nachher mit einem einfachen Haarwasser den Haarboden einreiben.

Balkon und Garten

● Gegen **Milben** im Garten können Sie mit einem Knoblauch-Zwiebel-Aufguß angehen. Kleingeschnittene Zwiebeln und Knoblauch werden überbrüht und der ausgekühlte Aufguß mit Wasser verdünnt. Auf 4 Liter Wasser gibt man nur 25 bis 35 g des Aufgusses hinzu.

● Für Hobby-Kartoffel-Anbauer ein Rat, wie Sie der **Krautfäule** der Kartoffeln beikommen können: Bereiten Sie einen Aufguß aus 100 g der äußeren Schalen der Zwiebeln auf einen Liter Wasser und spritzen Sie damit die Kartoffeln.

Kartoffel

Die Kartoffel ist ein Nachtschattengewächs, eine Staude mit vielsamigen, grünen, giftigen Beerenfrüchten und blattlosen Erdtrieben, die am Ende Knollen bilden. 1530 wurde sie aus Südamerika nach Europa gebracht, und ihre allgemeine Verbreitung dauerte 250 Jahre. König Philipp II. empfing 1565 eine Kiste Kartoffeln, die er dem Papst zum Präsent machte. Einen Teil dieser Kiste sandte der Papst seinem erkrankten niederländischen Kardinal, der seinerseits dann einige Knollen seinem Statthalter Philipp von Sivry schenkte. Dieser schenkte zwei Kartoffeln einem Botaniker und naturwissenschaftlichen Gelehrten namens Carolus Clusius. Er pflanzte sie aus und nannte sie wegen der Ähnlichkeit der Knollen mit Trüffeln Tartufoli. Durch die verschiedenen Beziehungen zu botanischen Gärten des Carolus Clusius kam die Kartoffel bald nach Wien.
Auf einem anderen Wege, über Chile, erreichte die Kartoffel England. Drake, der berühmte englische Seeheld, soll es gewesen sein, der die Kartoffeln nach Europa gebracht hat. In Offenburg in Baden steht ein Denkmal mit der Inschrift: „Francis Drake war der Mann, der vor 300 Jahren Kartoffeln von Amerika nach England hat gefahren." Die Forscher mögen entscheiden, ob nun die Spanier oder die Engländer die ersten Überbringer der Kartoffel waren.
Kartoffeln enthalten Stärke, etwas hochwertiges Eiweiß und Vitamin A, B und C. Die Kartoffel wird auch als Futtermittel und als Rohstoff für die Stärke- und Alkoholfabrikation verwandt. Inzwischen ist die Kartoffel nicht nur ein wichtiges Hauptnahrungsmittel, sondern wird auch in vielen anderen Bereichen geschätzt.

Wie man die Kartoffel richtig behandelt

- *Das Laub, die grüne Schale und die Keime der Kartoffel enthalten das stark giftige Alkaloid Solanin. Nur in den ausgereiften Kartoffelknollen ist das Gift nicht enthalten.*
- *Beim Einkauf sollten Sie unbedingt darauf achten, daß Sie keine grünlichen oder gar grüne Kartoffeln erstehen. Diese Kartoffeln können Sie in den Müll werfen, weil sie stark vergiftet sind. Die Kartoffeln*

werden durch falsche Handhabung und Lagerung grün. Kommen sie nämlich mit Licht in Berührung, werden sie also nicht dunkel gelagert, dann bilden die Kartoffeln das sehr giftige Solanin.

● *Sollte sich unter vielen guten einmal eine Kartoffel mit grünen Stellen befinden, dann hat der Regen auf dem Acker einzelne Kartoffeln freigespült. Auch nur ganz leicht grünliche Flecken sollten Sie großzügig wegschneiden.*

Nachtisch gut gekühlt

An heißen Tagen Kaltschalen, Obstsuppen und Puddings zum Kühlen in einem Eimer in den Brunnen hinunterlassen. (Ein Tip aus Urgroßmutters Zeiten)

● *Bei falscher Lagerung wird das in der Kartoffel enthaltene Vitamin C zerstört. Am wenigsten Vitamin C verlieren sie, wenn sie bei einer Kellertemperatur von +2 bis +4 Grad C in Kisten gelagert werden. In Jahren, in denen Kartoffeln zu Fäulnis neigen, sollte man sie lagenweise mit Holzkohlenstaub bestreuen. Bei großer Kälte müssen sie mit Stroh oder Heu bedeckt werden. Diese Isolierschichten sind bei mildem Wetter wieder zu entfernen.*

● *Angefrorene Kartoffeln werden wieder gut, wenn man sie mehrere Stunden in kaltes Wasser legt.*

● *Schrumpelige Kartoffeln lassen sich nach einem Bad von mehreren Stunden in kaltem Wasser besser schälen.*

● *Alte Kartoffeln werden geschmackvoller, wenn man dem Kochwasser etwas Essig zugibt.*

● *Angebrannte Kartoffeln sollte man von den verschont gebliebenen trennen. Die noch nicht verdorbenen gibt man in einen neuen Topf, füllt ihn mit kaltem Wasser auf, bringt alles zum Kochen und gießt sofort nach dem Aufwallen wieder ab.*

● *Wer Kartoffeln nicht einkellert, sondern nach Bedarf kauft, kann an Sorten geraten, die beim Kochen leicht zerfallen. Das kann man vermeiden, wenn man die Kartoffeln nur halb gar kocht und dann im Wasserdampf fertig dämpft.*

- *Die Kartoffel ist sehr wertvoll durch ihren Gehalt an Vitaminen, Mineralstoffen, an Kalk, Eiweiß und Stärke. Wie beim Apfel sitzen die wichtigsten Nährstoffe direkt unter der Schale. Darum behalten nur Pellkartoffeln, in wenig Wasser gekocht, ihren vollen Nährwert.*
- *Neue Kartoffeln kann man auch mit der Schale essen!*
- *Frische Pellkartoffeln sollten so eingeschnitten werden, daß die Hälften zwar aufklaffen, jedoch nicht auseinanderfallen. In die entstandene Spalte kann man eventuell auch eine Füllung geben.*
- *Pellkartoffeln schmecken besser, wenn sie in Salzwasser gekocht werden und vorher nach dem Waschen ein paarmal eingekerbt worden sind.*
- *Die Pelle löst sich leichter, wenn man die Kartoffeln wie bei Eiern nach dem Kochen kurz mit kaltem Wasser abschreckt.*
- *Pellkartoffeln kochen nicht über, wenn man ein Stück Speckschwarte seitlich in den Topf legt.*
- *Die Kartoffeln nicht zu lange vor dem Anrichten schälen und in Wasser liegen lassen, da sonst wertvolle Vitamine ausgelaugt werden.*
- *Kochen sollte man sie mit wenig Wasser und das Wasser, da es viele Vitamine und Nährstoffe enthält, zu Suppen verwenden.*
- *Frische Kartoffeln sollten in kochendem Wasser aufgesetzt, alte in kaltem Wasser auf die Flamme kommen.*

Schnaps gegen erhöhten Blutdruck

100g geschnittene Knoblauchzehen und 50 g Mistelästchen werden mit 300 g Obstschnaps, Korn, Gin oder Branntwein vermischt und 10 Tage ziehen gelassen. Dann seiht man die Flüssigkeit ab und nimmt davon 2 mal täglich 1 Teel. mit etwas Zuckerwasser.

- *Vor dem Abgießen sollten Sie nachsehen, ob die Kartoffeln schon ganz gar sind, da sie, läßt man den Topf noch eben zugedeckt, nachgaren. Auf diese Art und Weise kochen sie keine Minute länger als unbedingt notwendig.*
- *Wer den körnig-salzigen Geschmack lieber mag, salzt die Kartoffeln erst nach dem Abgießen.*

- *Falls die Kartoffeln schwarze Stellen haben sollten, fügt man dem Kochwasser etwas Essig hinzu. Ohne den Geschmack der Kartoffel zu beeinträchtigen, werden die schwarzen Stellen verschwinden.*
- *Alte Kartoffeln werden beim Kochen nicht dunkel, wenn man ein wenig Milch ins Kochwasser gibt.*
- *Durch Frosteinwirkung süß gewordene Kartoffeln werden vor dem Kochen am besten 3 bis 4 Tage in einen warmen Raum gestellt. Sie werden dann wieder schmackhafter.*
- *Möglichst gleichgroße Kartoffeln für ein Gericht verwenden, um ein gleichzeitiges Garwerden zu erzielen.*
- *Pellkartoffeln müssen gründlich gewaschen oder gebürstet werden, ehe man sie verwendet, damit beim Kochen kein Schmutz in die korkhaltige Schale eindringt.*
- *Kalte Salzkartoffeln dürfen nie in einem geschlossenen Gefäß aufbewahrt werden: sie brauchen etwas Luft.*
- *Kartoffeln sollte man nach dem Kochen nicht länger als 24 Stunden aufheben, es sei denn, man verfügt über einen kühlen und luftigen Keller. In solchem Falle läßt man die Kartoffeln halb zugedeckt im Keller stehen, so halten sie sich bis zu einer Woche. Verfügt man über keinen entsprechenden Keller, sollte man die Kartoffeln am gleichen Tage verbrauchen, an dem sie gekocht wurden. Auch zu Kartoffelsalat sollte man die Kartoffeln nicht einen Tag vorher, sondern an demselben Tage kochen.*
- *Prinzeßkartoffeln werden geschält im Backrohr gegart. Sie können aber auch kleine Kartoffeln in der Schale rösten: roh im Wasser gut abbürsten, dann zugedeckt in heißem Fett in einer Pfanne von allen Seiten gar- und braunrösten, die letzten Minuten ohne Deckel, dann werden sie schön knusprig.*
- *Bratkartoffeln werden so besonders knusprig: raffeln Sie rohe Kartoffeln in ene ausgefettete Bratpfanne und lassen Sie sie bei offener Pfanne garen. Wenn Sie von den Kartoffeln ein Stückchen abschneiden, können sie auf der Schnittfläche in Reihen auf einem gefetteten Backblech stehen und im Ofen gargebacken werden.*
- *Fette Bratkartoffeln bekommen einem empfindlichen Magen nicht. Wenn man etwas Mehl über die Kartoffeln stäubt, braucht man weniger Fett, und sie werden trotzdem sehr schön braun und knusprig.*

● *Möchten Sie den Kartoffelsalat mit einer Mayonnaise anrichten, so sollte dazu unbedingt Essig verwendet werden. Essig hemmt nämlich das Verderben der Kartoffeln als auch das Auftreten von Bakterien in der Mayonnaise selbst.*

● *Kartoffelpuffer sind besonders delikat, wenn Sie unter den fertigen Teig einige Eßlöffel frische Sahne unterrühren.*

Erwünschte Flucht

Flöhe und Wanzen fliehen vor einem Bettsack, gefüllt mit gedörrtem Farnkraut, meilenweit.

● *Wenn Sie das Kochwasser von Kartoffelklößen mit etwas Mehl binden, bröckeln sie nicht ab. Dasselbe gilt übrigens auch für Mehlklöße.*

Pommes frites — nach Großmutters Art

1. Die geschälten und gewaschenen Kartoffeln schneiden Sie mit dem Messer in kleine Stengelchen und trocknen sie mit einem Tuch gut ab. Nasse, geschnittene Kartoffeln kühlen das Fett zu rasch ab.

2. Erhitzen Sie inzwischen reichlich Kokosfett oder Öl in einem tiefen Topf, denn Pommes frites wollen schwimmen! Sie verbrauchen trotzdem nicht mehr Fett, weil es die Kartoffeln nicht durchzieht und auch immer wieder zu verwenden ist.

3. Lassen Sie den Frittier-Topf ruhig stehen und nehmen Sie ihn immer wieder für alle Ausback-Gerichte.

4. Wenn Sie einen angefeuchteten Kochlöffelstiel ins heiße Fett tauchen und sich daran Bläschen bilden, ist die Temperatur des Backfetts richtig (180 Grad).

5. Achten Sie darauf, daß die Temperatur während der ganzen Ausbackzeit konstant bleibt.

6. Sind die Pommes frites goldgelb, heben Sie sie mit einem Sieb heraus, lassen sie gut abtropfen und abkühlen.

7. Jetzt brauchen Sie die Pommes frites erst kurz vor dem Servieren noch einmal ins heiße Fett zu geben. Nur dadurch werden sie in 2 Minuten so knusprig, wie sie sein sollen.

8. Abtropfen lassen, mit etwas feinem Salz bestreuen und servieren.

9. Servieren Sie die Pommes frites auf zwei oder drei Scheiben altbackenem Brot. Dadurch wird das restliche, abtropfende Fett vollständig aufgesogen.

10. Geben Sie in das noch heiße Fett 2 oder 3 rohe, dicke Kartoffelscheiben und lassen Sie sie goldgelb werden. So hält sich das Frittierfett besser, wenn Sie es bis zum nächsten Mal wegstellen: in die Speisekammer oder in den Keller.

11. Möchten Sie das Frittierfett (nur mit Hart-, also Kokosfett möglich) von eventuellen Rückständen und Krümeln reinigen, lassen Sie es abkühlen, setzen es mit kaltem Wasser auf (kein heißes Fett und Wasser vermischen, es ist gefährlich, weil es spritzt!) und bringen es zum Kochen. Schütten Sie alles in eine Porzellanschüssel, lassen es steif werden, lösen das Fett von der Wasserschicht und schaben die am Boden des harten Fettes anhaftenden Rückstände ab.

12. Verschiedene Fettarten sollten zum Ausbacken nicht miteinander vermischt werden. Sie erhalten dann keine guten Resultate.

Küche

● Mit rohen Kartoffelscheiben kann man **versalzene Speisen** retten. Einige rohe Kartoffelscheiben mitkochen. Sie neutralisieren den zu hohen Salzgehalt.

● Ist **Sauerkraut** zu scharf, fügt man einige rohe, kleingeschnittene Kartoffelscheiben hinzu. Die Schärfe wird dadurch genommen. Die Scheiben kann man, falls erwünscht, entfernen. Man kann auch eine größere Kartoffel in das Sauerkraut reiben. Gleichzeitig wird das Sauerkraut dadurch sämig.

● **Hülsenfrüchte** werden am besten mit dem Kochwasser von Kartoffeln eingeweicht und in demselben Wasser auch zum Kochen aufgesetzt. Das Salz sollte erst kurz vor, aber nicht nach dem Garwerden zugegeben werden.

● **Eierkuchen** schmecken besser und sind auch lockerer, wenn wir dem Teig 1 bis 2 gekochte, geriebene Kartoffeln zufügen. In Notzeiten: Eierkuchen lassen sich (wie oben) „strecken" und schmecken dazu auch noch besser.

● **Mayonnaise** gerinnt nicht, wenn eine gekochte, feingeriebene Kartoffel mit dem Eigelb verrührt und die Mayonnaise wie üblich gemacht wird. Jedoch muß die Mayonnaise dann sofort verbraucht werden. Sie würde sich auch im Kühlschrank nicht halten.

Haben Sie schon mal einen blassen Hasen gesehen?

Wer im Urlaub das richtige Grünzeug knabbert, bräunt noch gleichmäßiger und schöner: viel Sellerie, frische Feigen oder Birnen essen, dazu Karotten und grünen Salat – mit viel Öl, damit das Vitamin A besser vom Körper aufgenommen wird.

Haushalt

● Durch Wasser trübe gewordene **Vasen, Gefäße** und **Flaschen** kann man mit Kartoffelschalen reinigen. Kleingeschnittene Schalen in das Gefäß geben, mit kaltem Leitungswasser auffüllen und einen Tag stehen lassen. Dann ausschütteln und nachspülen. Denselben Effekt erzielt man übrigens auch mit Zeitungsschnipseln.

● Enghalsige **Karaffen** und **Flaschen** reinigen: es werden rohe, kleingeschnittene Kartoffeln und Essig eingefüllt und dann gut durchgeschüttelt. Dann eine Zeitlang stehenlassen, wieder schütteln und nach dem Entleeren ausspülen.

● Den **Bodensatz von Rotwein in Karaffen** können Sie mit Kartoffelschalen entfernen.

● **Milchflaschen** reinigt man ab und zu gründlich, wenn man heißes Kartoffelschalenwasser dazu gebraucht.

● **Milchkannen** aus Metall nehmen leicht einen säuerlichen Geruch an. Dann einmal wöchentlich mit rohen Kartoffelschalen auf kleiner Flamme gründlich auskochen. Der Geruch verschwindet, und die Milch wird auch nicht so schnell sauer.

● Fleckiges **Silber** und **Silberbesteck** wird sauber, wenn man es mit rohen Kartoffelscheiben abreibt. Außerdem wird Silber besonders blank und schön, wenn Sie das Kochwasser Ihrer Salzkartoffeln zum Putzen verwenden.

● Ein altes Hausmittel, um **Jodflecke aus Kleidern** zu entfernen: Den Fleck anfeuchten und mit einer rohen Kartoffel abreiben. Dabei wird der Fleck dunkel. Mit klarem Wasser gut nachspülen und diese Prozedur so lange wiederholen, bis der Fleck verschwunden ist. Dann waschen mit Wasser und Kernseife.

● **Spinatflecke** werden mit einer rohen Kartoffel abgerieben, in Seifenlauge ausgewaschen und gut nachgespült.

● Bei **Benzinreinigung** (feuergefährlich, daher nur im Freien durchführen!) Flecken immer von außen nach innen bearbeiten, also vorsichtig reiben. Sonst entsteht ein Rand. Ist trotz aller Vorsicht doch ein Rand entstanden, sofort auf den Stoff dick Kartoffelmehl streuen und nach kurzer Zeit abschütteln. Die Ränder verschwinden dann.

Mit Kartoffeln vornehm sein

Wenn Sie seidene Krawatten waschen wollen, bereiten Sie sich einen Sud aus Kartoffeln und Wasser: erst einige Kartoffeln schälen, reiben und durch ein Tuch pressen; das durchgepreßte Kartoffelwasser mit 2 l Wasser vermischen; dann die Krawatten in diesem Sud waschen. Dabei bleiben die Farben und der Seidenglanz erhalten.

Mehlkleister für Tapeten

Am besten nimmt man dazu Roggenmehl, rührt es mit etwas Wasser an, so daß keine Klümpchen in der Masse sind, gibt kochendes Wasser dazu und verrührt alles zu einem Brei. Dann erhitzt man die Masse unter ständigem Rühren. Sollte sie zu dick sein, fügt man etwas Wasser dazu. Mehlkleister, der Insekten vertreibt, erhält man durch Hinzufügen von einem Weinglas Terpentinöl. Das Erstarren dieses Kleisters kann verzögert werden, indem man 2 Eßlöffel Puderzucker auf einen Liter Kleister zufügt. Für manche Arbeiten ist das wichtig. Terpentinöl hat eine insektenvertreibende Wirkung. Dieser Kleister ist daher besonders geeignet für das Tapezieren alter Häuser oder antiker Möbel.

● Dunkle und verschmutzte **Ölgemälde** werden wieder farbklarer und frisch, wenn man sie mit einer rohen Kartoffel vorsichtig abreibt. Die schmutzige Schnittfläche der Kartoffel muß ständig erneuert, d.h. eine Scheibe immer wieder abgeschnitten werden. Danach ein weiches Tuch in Öl anfeuchten, über die ganze Fläche streichen und mit einem trockenen, nicht fusselnden Lappen leicht nachpolieren.

● **Spielkarten**, die schmutzig geworden sind, werden leicht mit etwas Kölnisch Wasser abgerieben und nach dem Trocknen mit ein wenig Kartoffelmehl geglättet.

● Sind **Zigarren, Zigaretten** und **Tabak** in der Dose zu trocken geworden, legt man einige Scheiben rohe Kartoffeln oder einen Apfel dazu. Sie werden dadurch wieder ihren geschätzten Feuchtigkeitsgrad erlangen.

● Kartoffelreste als **Feueranzünder**: mit 1 oder 2 Handvoll getrockneter Kartoffelschalen kann man jede schwache Glut zu hellem Feuer anfachen. Über kleine Holzspäne verteilt, ergeben getrocknete Kartoffelschalen einen guten Feueranzünder.

● **Ofenruß** kann man verhindern, wenn man in das brennende Feuer eine Handvoll frischer Kartoffelschalen wirft. Danach müssen die Türen des Ofens verschlossen werden. Der Ruß wird durch die austretenden Dämpfe der brennenden Kartoffel gelöst.

● Den Schmutz von **Sonnenschirmen** kann man mit trockenem Kartoffelmehl entfernen. Auch ein Regenbad bekommt dem Sonnenschirm. Man stellt ihn ungefähr 2 Stunden in den Dauerregen und schließt ihn erst, wenn er ganz trocken ist.

Damit die Haare bleiben

In einen Liter kaltes Wasser gibt man 30 g frische Klettenwurzeln und bringt beides zum Kochen, seiht durch und gibt einen Eßlöffel reinen Alkohol (90%) hinzu. Die Kopfhaut wird mit diesem Mittel morgens und abends eingerieben.

Hausmittel und Medizin

● Auf kleine **Brandwunden** legt man rohe Kartoffelscheiben und verhindert dadurch die Blasenbildung.

● **Umschläge und Packungen:** heiße Kartoffeln speichern und halten die Wärme besser als eine übliche Wärmflasche. In Fällen, in denen man nicht fortwährend die Wärmflasche erneuern möchte, kann man heiße Pellkartoffeln in ein Tuch schlagen und sie anstatt einer Wärmeflasche benutzen. Auch die Pellkartoffeln lassen sich bei Bedarf wieder erhitzen. In ein Sieb geben und in den Dampf eines Topfes hängen.

● Gegen rote Flecken von **Insektenstichen** helfen rohe Kartoffeln. Man legt eine Scheibe auf und bindet sie mit einer Mullbinde fest. Auch Umschläge mit kaltem Wasser oder Weinessig helfen in solchen Fällen.

● Bei **Hexenschuß** einen Umschlag von heißen Kartoffeln machen: man zerdrückt heiße, gekochte Kartoffeln, schlägt sie in ein wollenes Tuch und legt sie auf die kranke Körperstelle.

● Die bei einem massiven **Sonnenbrand** entstehenden Bläschen darf man auf keinen Fall aufstechen. Kopfschmerzen werden mit kalten Kompressen auf die Stirn gelindert, das Zimmer dabei verdunkelt. Für die brennende Haut wirken Öl und Kartoffelmehl kühlend.

● Bei einer **Stirnhöhlenvereiterung** muß natürlich jeder Patient zum Arzt! Dennoch gibt es ein Hausmittel, das man nach Rücksprache mit dem Arzt anwenden sollte: Kartoffelschalen werden abgekocht und die aufsteigenden Dämpfe inhaliert. Diese Inhalationen sollten mehrmals täglich durchgeführt werden.

Kosmetik und Körperpflege

● Eine **Gesichtspackung** aus Kartoffeln erfrischt müde Haut und macht sie geschmeidig: Eine große, heiße Pellkartoffel mit einer Gabel zerdrücken, mit etwas Milch und einem Eigelb zu einem dicken Brei verrühren und, falls notwendig, im Wasserbad erwärmen. Den Brei ziemlich warm auf Gesicht und Hals auftragen und darüber eine heiße Kompresse legen. Die Kompresse erhöht die Wirkung. Nach 20 Minuten wird die Packung abgenommen, die Haut mit warmem Wasser abgewaschen und anschließend kalt nachgespült.

● Kartoffel- oder Stärkemehl eignet sich, zur Hälfte vermischt mit Gesichtspuder, auch zur **Gesichtspflege.** Sie sparen dabei viel Geld.

● Eine **Vitamin-Maske** können Sie sich aus Kartoffeln – roh oder gekocht – und Tomaten pürieren, mit feingehackten Kräutern mischen und 10 Minuten auf dem Gesicht einziehen lassen, dann abwaschen. Das regeneriert sonnenstrapazierte Haut.

Balkon und Garten

● Mit halbierten Kartoffeln können Sie **Drahtwürmer** im Garten ködern. Drücken Sie die Schnittfläche der Kartoffeln nach unten in den Boden und kontrollieren Sie täglich die Kartoffelscheiben.

● Sollte ein **Pflanzenheber** zu groß sein, um Sämlinge umzusetzen, gräbt man sie mit einem Kartoffelschäler aus. Man sticht ihn in den Boden und holt die Wurzeln heraus, als wolle man einen Apfel entkernen.

Petersilie

Petersilie ist ein allgemein bekanntes Küchengewürz, zu deren Ruhm man nicht viel sagen muß. Petersilie wird als frisches Küchenkraut auf die mannigfachste Weise verwandt. Sie ist aber auch ein stark wirkendes Heilkraut. Zu Unrecht ist sie aus dem Arzneischrank fast verschwunden. Die Petersilie enthält viel Vitamin C und in allen Pflanzenteilen ein ätherisches Öl. Sie ist appetitanregend und verdauungsfördernd. Historiker berichten, daß die Römer ihren Gladiatoren vor dem Kampf Petersilie zu essen gaben: die Petersilie stand im Ruf, Kraft und Reaktionsvermögen zu verleihen. Das war wohl etwas übertrieben. Eines jedoch steht fest: sie ist auch heute noch das beste Rezept gegen Insektenstiche (das frische, zerquetschte Kraut wird auf Mücken- und andere Insektenstiche gebracht).

Petersilie – richtig behandelt

Petersilie läßt sich auf verschiedene Weise frisch halten:

- *monatelang bleibt sie frisch, wenn man sie nach dem Waschen trocknet, fein wiegt, mit Salz vermischt und in einem zugedeckten Topf aufbewahrt.*
- *frische Petersilie sofort waschen, Feuchtigkeit abschütteln, und in ein Schraubglas in den Kühlschrank stellen. So bleibt sie tagelang frisch.*
- *wochenlang frisch bleibt Petersilie, wenn man sie nach dem Kauf oder der Ernte sofort wäscht, wiegt, in ein Glas füllt und mit Öl übergießt. Das Öl kann mit zum Salatanrichten verwendet werden.*
- *„unendlich" lange frisch bleibt Petersilie, wenn die Wurzeln auf etwa 3cm zurückgeschnitten und mit der Schnittfläche in eine flache Wasserschale gestellt werden.*
- *Glatte Petersilie sollte zum Zubereiten und Anrichten von Speisen bevorzugt werden, da sie ein intensiveres Aroma besitzt. Krause Petersilie dagegen eignet sich besser zum Garnieren.*

● *Die Wurzel der glatten Petersilie ist sehr aromatisch und eignet sich als Würze vor allem zu Suppen.*

● *Petersilie nicht in der Nähe oder zusammen mit Äpfeln oder Tomaten aufbewahren oder lagern: Sie vergilbt dann und fault sehr rasch.*

● *Nie zuviel Petersilie verwenden: Zu viel Petersilie macht die Speisen bitter.*

Küche

● Scharfer **Fischgeruch** läßt sich vermeiden, wenn der Fisch mit einem Strauß frischer Petersilie kräftig abgerieben wird. Dabei ist die glatte Petersilie wirksamer als die krause.

● **Knoblauchgeruch** können Sie nach dem Essen so mildern: erst etwas rohe Petersilie kauen, dann eine Tasse heiße Milch trinken.

Die resolute Kur

Hunde, die von Flöhen geplagt sind, werden augenblicklich „geheilt", wenn man sie in einen mit Farnkraut gefüllten Sack steckt.

Hausmittel und Medizin

● Dem **Kater** nach dem Fest können Sie vorbeugen: lassen Sie in einem halben Liter Wasser eine Handvoll Petersilie 5 Minuten lang leicht kochen. Dann durch ein Sieb geben. Nach dem Feiern und vor dem Zubettgehen trinken Sie ein Glas voll, und am nächsten Morgen auf nüchternen Magen vor dem Frühstück oder der ersten Mahlzeit noch ein Glas. Der Petersilientrunk dient dabei nicht nur als Vorbeugung gegen einen Kater. Er wirkt auch säubernd auf Blut, Verdauungstrakt und Harnwege.

Kosmetik und Körperpflege

● **Kräuterpackungen** zur Gesichtskosmetik können Sie sich selbst leicht herstellen: Petersilie, Dill, Estragon oder Borretsch werden kurz übergebrüht, zwischen zwei Mulltücher gelegt und noch warm auf das Gesicht gebracht. Die Maske nach ¼ Stunde abnehmen, das Gesicht nicht waschen, aber mit leichter Fettcreme einmassieren.

● Sichtbare **Gesichtsäderchen** können nicht mehr zum Verschwinden gebracht werden. Man kann sie aber mit einem gewissen Erfolg behandeln, wenn man Petersiliepackungen auf das Gesicht bringt. Man hackt einen großen Büschel Petersilie, füllt sie in Mull- oder Leinensäckchen und legt sie für ungefähr 30 Minuten auf das Gesicht.

Ein gutes Schuppenmittel

30 g Veilchenblätter oder -blüten in einen halben Liter Wasser geben und 24 Stunden ziehen lassen. Dann kocht man alles kurz auf, seiht ab und wäscht mit dem so gewonnenen Sud die Haare. Diese Kur sollte eine Zeitlang täglich durchgeführt werden. Es wird sich gewiß eine Besserung einstellen.

Brennessel

Die Brennessel finden wir überall als Unkraut an Hecken, Zäunen, Wegrändern und auf Schutthalden. Sie enthält in ihren Brennhaaren ein Nesselgift. Kommt die Haut mit den Brennhaaren in Berührung, brechen sie ab, und etwas ausspritzendes Nesselgift verursacht eine als brennend empfundene Reizung.
Äußerlich angewandt ist die Brennessel ein gutes Mittel gegen leichteren Rheumatismus. Kinder, so sagt der Volksmund, die mit Waden voller Brennesselschwellungen nach Hause kommen, blieben ihr ganzes Leben gesund und bekämen ihr ganzes Leben niemals Rheumatismus. Innerlich angewandt, wirkt die Brennessel stoffwechselanregend. Neben Vitamin C und A enthält die mineralsalzreiche Pflanze auch noch reichlich Blattgrün.
Der frische Preßsaft kann zu einer Frühjahrskur verwandt werden, und die junge Pflanze eignet sich auch für Salat (Verwendet man dagegen ältere Pflanzen als Gemüse, so kann es zu leichten Vergiftungserscheinungen, zu Reizungen des Verdauungstraktes und zu Nierenschädigungen kommen). Zum Kochen – übrigens wie Spinat – eignen sich auch etwas ältere Pflanzen.
Schneiden Sie nicht alle Brennesseln ab, die in Ihrem Garten wachsen. Schnecken, zum Beispiel, machen um sie einen großen Bogen.

Brennesseljauche

Kunstdünger können Sie durch Brennesseljauche ersetzen. Zur Herstellung brauchen Sie ein Gefäß aus Holz, Steingut oder notfalls Plastik. Metall sollte auf keinen Fall dazu benutzt werden. Decken Sie das Gefäß mit einem Draht- oder Holzgitter ab, damit keine Tiere zu Schaden kommen können.

1kg frische Brennesseln werden mit 10 Liter Wasser, vorzugsweise Regenwasser, übergossen. Beschweren Sie die Brennesseln mit einem Stein, damit alle von Wasser bedeckt werden. Bis zu 2 Wochen dauert der nun beginnende Gärungsprozeß. Täglich muß die gärende Masse einmal tüchtig umgerührt werden. Wenn die Jauche nicht mehr schäumt , ist sie fertig.

Verdünnen Sie die Jauche 1:10 und gießen Sie die Pflanzen nur bei bedecktem Himmel oder morgens und abends. Vorher muß die Erde mit normalem Trinkwasser angefeuchtet werden. Diese Jauche darf nicht auf die oberirdischen Pflanzen gelangen. Für Balkon- und Topfpflanzen können Sie dieses Düngemittel auch benutzen, es stinkt aber fürchterlich.

Schon damals viel Mühe um lockiges Haar

Nachdem das Haar mit warmem Seifenwasser gewaschen wurde, rieb man es leicht mit der Hand mit folgendem Mittel ein:
Pappelknospen,
Rauten,
Frauenhaarkraut,
Hanfsamen
Alles klein geschnitten zu gleichen Teilen vermengt, in Wein 6-8 Tage destillieren.

Hausmittel und Medizin

● Die Brennessel als **Wundheiler:** ein großes Glasgefäß mit 90%igem Alkohol halb füllen, den Rest mit frischen Brennesseln vollstopfen, schließen, in die Sonne stellen und mindestens 10 Tage lang ziehen lassen. Den Verband mit dieser Lösung tränken. Die Wunden verheilen unglaublich schnell. Sie haben keine Ausrede, das nicht zu versuchen, denn Brennesseln wachsen überall, selbst in der Stadt!

● **Preßsaft** wird zu gleichen Teilen mit Wasser verdünnt und nur teelöffelweise eingenommen.

● Für Hand- und Fußbäder bei **Rheumatismus** bringen Sie pro Liter Wasser zwei Handvoll frischer Blätter in aufgekochtes, aber nicht mehr kochendes Wasser und lassen sie ziehen.

Kosmetik und Körperpflege

● So erhalten Sie ein gutes **Haarwaschmittel:** In ½ l Wasser und ½ Liter Essig kocht man 100 g fein zerschnittene Brennesselblätter kurz auf und wäscht damit die Haare.

● Ein **Mittel gegen Schuppen** brauen Sie sich, wenn Sie drei Eßlöffel kleingeschnittene Brennesselwurzeln in einen Topf mit einem Liter kalten Wassers geben und zum Kochen bringen. Danach noch etwas ziehen lassen und durchsieben. Mit diesem Brennesselsud werden die Haare regelmäßig gewaschen. Man muß ihn allerdings jedes Mal frisch herstellen.

● Auch ein **Kopfwasser** kann man sich selber herstellen, die Zutaten bekommt man in der Apotheke: 15 g Brennesselextrakt, 5 g Klettenextrakt, 2 g Lavendelessenz, 100 g Rosenwasser, 100 g 90%igen Alkohol. Diese Zutaten werden gut miteinander vermischt und in die Kopfhaut jeden Morgen einmassiert.

Wer hält länger aus?

Beim Camping oder zu Hause, wenn man am Kamin sitzt oder im Garten grillt, frisches grünes Holz verbrennen. Der Rauch reizt zwar Augen und Nase, die Mücken machen aber einen großen Bogen.

Balkon und Garten

● Ein gutes **Mittel gegen Blattläuse** ist Brennesselbrühe. Weichen Sie 1 kg frische oder 150 g getrocknete Brennesseln in einem emaillierten Topf 24 Stunden lang in Regenwasser ein. Dann kochen Sie die Brennesseln ca. 30 Min. in derselben Brühe, und wenn sie abgekühlt ist, kann man sie über die Pflanzen spritzen oder gießen. Diese Brühe müssen Sie unverdünnt anwenden.

Kaffee

Der Anbau des Kaffees und das Kaffeetrinken wurde von den Arabern kultiviert. Mitte des 16. Jahrhunderts entstanden die ersten Kaffeehäuser in Konstantinopel, und als die Türken 1683 die Belagerung von Wien aufgaben, ließen sie bei ihrer Flucht 500 Säcke Kaffee zurück. Bald darauf wurde das erste Kaffeehaus, „Die blaue Flasche", in Wien errichtet. 1696 öffnete das erste Kaffeehaus in Leipzig.
Kaffee enthält etwa 12% Eiweißstoffe und 12 % Fett, 7–9 % Zucker und 32% stickstoffartige Extraktstoffe mit 9–10% Kaffeegerbsäure. Durch das Rösten gehen Wassergehalt und Gerbstoffe verloren, und es entwickelt sich ein feiner Duft.
Im Kaffee ist Koffein enthalten, das dem Kaffee seine anregende Wirkung gibt. Übermäßiger Kaffeegenuß wird von Herzkranken und Nervösen schlecht vertragen.

Ein kleines Kaffee-Brevier

Kaffee muß richtig behandelt werden, damit er seine Qualität und sein Aroma behält. Dabei ist es gleichgültig, ob es sich um Kaffebohnen oder gemahlenen Kaffee handelt.

- *Kaufen Sie nur so viel Kaffee auf einmal, wie Sie in einer Woche verbrauchen können.*
- *Kaffee muß in dicht schließenden Glas- oder Blechgefäßen aufbewahrt werden.*
- *Bei löslichem Kaffee sollten Sie stets einen trockenen Löffel verwenden und das Glas sofort wieder schließen.*
- *Kaffee muß an einem trockenen, kühlen und geruchsfreien Platz gelagert werden. Legen Sie ihn deswegen nicht direkt neben stark riechende Lebensmittel.*
- *Mahlen Sie nur so viel Kaffee, wie Sie im Augenblick brauchen. Frisch gemahlener Kaffee entfaltet besser sein Aroma.*
- *Mahlen Sie ihn nicht zu lange in der elektrischen Kaffeemühle. Durch die Erhitzung leidet das Aroma.*
- *Nehmen Sie nur frisches, kurz gekochtes Wasser, wenn Sie Kaffee „aufbrühen" oder löslichen Kaffee verwenden.*

- *Chlorhaltiges Wasser beeinträchtigt den Geschmack. Nehmen Sie Mineralwasser, mit oder ohne Kohlensäure.*
- *Kaffee muß nach der Zubereitung sofort serviert werden, sonst verliert er das Aroma. Um ihm einen besonders guten Geschmack zu verleihen, gibt man ½ Teelöffel Kakao auf sechs Teelöffel Kaffeemehl.*
- *Ungemahlener Kaffee behält sein Aroma etwa 2 bis 3 Wochen.*
- *In fest verschlossenen Behältern, z.B. Schraubgläsern, und in den Kühlschrank gestellt, behält Kaffee sein Aroma etwa 6 Wochen.*
- *In fest verschlossenen Behältnissen können Kaffeebohnen bis zu drei Monaten eingefroren werden.*

Die Kaffee-Probe

Gemahlener Bohnenkaffee unterscheidet sich grundlegend von Kaffee-Ersatz aus Gerste, Rüben, Eicheln oder Zichorie. Geben Sie etwas Kaffee in ein hohes, mit Wasser gefülltes Glas. Echter Kaffee steigt an die Oberfläche und bildet auf dem Wasser eine schwimmende Schicht. Kaffee-Ersatz hingegen sinkt auf den Boden.

- *Bei Zimmertemperatur bleibt gemahlener Kaffee nur etwa eine Woche frisch.*
- *Wird eine Packung angebrochen, verliert der Kaffee rasch sein Aroma und sollte deswegen bald verbraucht werden.*
- *Kaffee, in Staniol vakuumverpackt, auch gemahlen, hält sich in der verschlossenen Verpackung drei Monate frisch.*
- *Kaffee, in Dosen vakuumverpackt, hält sich bis zu 6 Monaten frisch.*
- *Löslicher Kaffee, im originalverschlossenen Glas oder Behälter, ist über ein Jahr haltbar.*
- *Angebrochener, löslicher Kaffee sollte innerhalb von 4 Wochen verbraucht sein.*
- *Das Kaffeewasser sollte immer sprudelnd über das Kaffeemehl in der Kaffeekanne geschüttet werden. Kanne vorher ausbrühen. Der Kaffee darf auch nicht länger als fünf Minuten ziehen. Aus diesem Grunde erklärt sich, weshalb Filterkaffee an Aroma verliert. Er legt zu viele und lange Wege zurück, ehe er getrunken wird.*

- *Großmutters „Aufgußmethode": Das Kaffeemehl wird mit kochendem Wasser überbrüht, es bleibt in der Kanne. Der Kaffee wird dadurch kräftiger.*

- *Kaffeemühlen sollten ab und zu gut gereinigt werden, da das Kaffeemehl sonst ranzig wird. Dazu gebrauchen Sie einen Pinsel und entfernen alle Kaffeereste oder lassen ganz feinen Sand durch die Kaffeemühle gehen. Der Sand entfernt die kleinsten Unsauberkeiten und hinterläßt doch keine Spuren.*

- *Finden Sie einmal alte Kaffeebohnen in einer Büchse, können Sie ihn eventuell noch retten, wenn er nicht zu alt ist. Geben Sie ihn in eine nicht zu heiße Pfanne, rühren Sie während des Erwärmens ein paar Mal um, lassen Sie ihn abkühlen und probieren Sie, ob er noch verwendet werden kann.*

Großmutters bestes Kaffeerezept

Kaffee behält und entwickelt am besten sein Aroma, wenn er aufgebrüht und nicht gefiltert wird. Das bringt Kosten- und Energieersparnis, doch vor allem weniger Arbeit mit dem Reinigen der Kaffeemaschine, in der sich gerne, wenn man nicht täglich äußerste Sorgfalt aufs Reinigen verwendet, gesundheitsschädliche Mikroben und Bakterien ansammeln. Wird der Kaffee andererseits durch einen Papierfilter gegossen, schwindet zusammen mit der Wärme auch ein wenig das Aroma.
In eine irdene Kanne wird kochendes Wasser geschüttet, die Kanne während fünf Minuten mit einem Kaffeewärmer überstülpt, so daß sie sich erwärmen kann. Dieses Wasser wird weggeschüttet (zu Großmutters Zeiten wurden damit aber noch die Tassen vorgewärmt. Man sieht also, daß jeder Wärmeverlust des Kaffees auch einen Aromaverlust bedeutet). In die vorgewärmte Kanne wird pro Tasse Kaffee 1 gehäufter Teelöffel Kaffeemehl geschüttet und mit sprudelnd kochendem Wasser übergossen. Nachdem der Kaffee vier Minuten unter einem Kaffeewärmer gezogen hat, ist er fertig. Er kann, muß aber nicht, durch ein Sieb serviert werden.
Früher wurden übrigens die Kaffeebohnen selbst geröstet und mit einer Handmühle gemahlen, auf der man sich seine ganz eigene, individuelle Körnung einstellen konnte. Natürlich wurde der Kaffee auch in Porzellankannen aufgebrüht, eher jedoch vor dem Servieren von der irdenen in die Porzellankanne umgegossen.

Haushalt

● Wollen Sie **Küchengeruch** entfernen, streuen Sie eine Messerspitze Bohnenkaffee auf die heiße Kochplatte. Etwas Kaffeepulver, das man in den Küchenschrank auf eine Untertasse streut, vertreibt auch dort schlechten Geruch.

● Kaffeesatz eignet sich vorzüglich zum Reinigen von **Flaschen, Vasen** und **Gefäßen**. Mit Kaffeesatz bekommt man sogar ein Heringsglas — mit oder ohne Schraubdeckel — geruchlos. Den Kaffeesatz einige Stunden im zugedeckten Gefäß stehenlassen, dann spülen wie gewohnt.

● Mit Kaffeesatz kann man **Fischgeruch** vertreiben, der an Geschirr und Besteck haftet. Reiben Sie die Gegenstände mit Kaffeesatz ab oder bereiten Sie einen Kaffeesatz-Sud: einfach warmes Wasser über den ohnehin wegzuwerfenden Kaffeesatz schütten und die Gegenstände untertauchen und einige Minuten liegen lassen.

● Mit schwarzem, kaltem Kaffee kann man vorzüglich **Woll- und Tuchstoffe** ausbürsten. Schwarzer trockener Kaffeegrund eignet sich auch zum Säubern von dunklen **Pelzen und Fellen.**

Der Beinahe-Kaffee

In Notzeiten oder bei sehr schmalem Geldbeutel läßt sich aus dem einmal aufgebrühten Kaffeesatz noch ein redlicher Kaffee nach Art des französischen „café au lait" brauen. Man kocht den Kaffeegrund mit etwas Wasser auf und mischt das so Gewonnene mit Milch. Dieser Kaffee schmeckt immer noch besser als Kaffee-Ersatz.

Balkon und Garten

● Falls Sie einen Garten haben, werfen Sie Kaffee- und auch Teesatz nicht einfach in den Müll, sondern als **Dünger** auf den Komposthaufen. Großmutter sammelte sorgfältig allen Kaffeesatz, trug ihn aufs Kräuterbeet und düngte damit Blumen und Pflanzen, die „säuerliche" Erde mögen.

Milch

„Die Milch besteht aus zwei festen und einem flüssigen Bestandteil, aus der Butter, dem Käse und dem Serum". Diese Definition des griechischen Arztes Hippokrates (4. Jahrh. v. Chr.) hatte viele Jahrhunderte Geltung.
Heute wissen wir, daß die Milch ein vollkommenes Nahrungsmittel ist. Sämtliche Nährstoffe, die wir zum Aufbau und zur Erhaltung des Körpers brauchen, sind in der Milch enthalten: Eiweiß, Fett, Kohlenhydrate, Wasser, Kochsalz, Kalzium, Eisen, Phosphor, Vitamin A, B_1, B_2, C und Niacin.
Wir kennen Vollmilch und Magermilch. Vollmilch bildet den Rohstoff für Butter, Käse, Joghurt und Milchkonserven. Magermilch ist der Rückstand entrahmter Vollmilch mit dem vollen Gehalt an Eiweiß und Nährstoffen. Bei der Butterherstellung bleibt Buttermilch übrig.
Bei der Gerinnung der Milch zur Herstellung von Quark und Käse entsteht Molke.
Die Milch ist jedoch nicht nur Nahrungsmittel: schon in der Antike wußte man um ihre kosmetische und auch medizinische Kraft.

Tips für Milch und Milchprodukte

- *Möchte man gerne wissen, ob die Milch gewässert oder ungewässert ist, dann taucht man eine Stecknadel in die Milch: Bleibt etwas von der Milch an der Stecknadel hängen, dann ist sie ungewässert, bleibt nichts an der Stecknadel haften, dann ist sie gewässert.*
- *Angebrochene Milch in Flaschen oder Tüten nimmt schnell Gerüche an. Die Flasche darum luftdicht nach dem ersten Öffnen und jedem weiteren Gebrauch verschließen.*
- *Vor dem Sauerwerden und Gerinnen kann man Milch bewahren, wenn man einen knappen Eßlöffel Zucker auf einen Liter Milch zusetzt und die Milch dann abkocht. Auf diese Weise vorsorglich behandelt, wird die Milch auch an warmen Tagen genuß- und gebrauchsfähig bleiben.*

- *Die Milch setzt beim Kochen nicht an, wenn man eine gleichmäßige Schicht Zucker auf die Milchoberfläche streut. Die Schicht sackt auf den Boden des Topfes und verhindert dort das Ansetzen. Dabei darf die Milch dann aber nicht mehr gerührt, die Zuckerschicht am Boden also nicht mehr zerstört werden.*
- *Milch brennt nicht an, wenn man vor dem Einfüllen der Milch den Topfboden mit Wasser spült.*
- *Milch in Dosen muß sofort nach dem Öffnen in einen Porzellan- oder Glasbehälter umgefüllt werden. Unter der Lufteinwirkung vermischen sich sonst Metalle mit der Milch.*

Mit 30 Pfennig gegen Appetitlosigkeit

In zwei Liter Wasser für je 10 Pfennige Wachholderbeeren, Wermutkraut und Bitterklee aufkochen und zur Hälfte einkochen. Diese Mischung gibt man durch ein Sieb und nimmt kalt davon öfter einen Eßlöffel ein. Urgroßmutter garantierte, daß bei Anwendung dieses Mittels der gewünschte Erfolg schon nach zwei Tagen eintrete.

- *Anstatt Dosen- oder Kondensmilch sollte man zum Andicken von Speisen wegen des penetranten Konservierungsgeschmacks entweder lieber süße oder saure Sahne oder fettarmen oder normalen Joghurt benutzen.*
- *Milch gibt es auch in Pulverform. Für Notsituationen sollte man immer etwas Trockenmilch im Hause haben.*
- *Geronnene Milch muß nicht weggeschüttet werden. Wenn man sie mit einer Messerspitze Pottasche (auf einen Liter) nochmals aufkocht, wird sie wieder gut.*
- *Will man nach dem Kochen Milchhaut vermeiden, stellt man die Milch nach dem Kochen in sehr kaltes Wasser und rührt sie bis zum Erkalten um. Dieselbe Wirkung erzielt man, wenn man sie sofort nach dem Kochen mit dem Quirl schaumig rührt.*
- *Milch kocht nicht über, wenn man den Topfrand mit etwas Butter bestreicht, ehe man die Milch zum Kochen hineingibt.*

● *Angebrannte oder übergekochte Milch (auch andere Speisen) verbreiten einen unangenehmen Geruch. Man kann die Luft reinigen und den schlechten Geruch neutralisieren, wenn man einige Wacholderbeeren auf die heiße Herdplatte streut. Die Wacholderbeeren werden „geräuchert" und verbreiten einen angenehmen und wohlriechenden Duft.*

● *H-Milch ist nicht immer haltbar. Feinschmecker verwenden nur Frischmilch. Dennoch ist die H-Milch für Notfälle sehr wertvoll. Geöffnete Packungen sollte man jedoch so schnell wie möglich verbrauchen. Beim Einkauf sollten Sie darauf achten, daß die Verpackung einwandfrei ist. Angestoßene und geknickte Packungen können feine Risse haben, durch die Keime ins Innere dringen können. Bakterien aller Art finden auf diese Weise auch bei der H-Milch einen günstigen Nährboden.*

● *Quark läßt sich gut tiefgefrieren. Der Geschmack wird dadurch allerdings ein klein wenig gemindert. Nach dem Anbrechen der Packung sollte er dann aber sehr rasch verbraucht werden.*

Gegen Husten ein Mittel aus dem Wald

1 kg frische Tannenspitzen (man sollte sie im Frühjahr von frischen Sprossen pflücken) werden 24 Stunden in 3 Liter Wasser eingeweicht, anschließend ¼ Stunde gekocht. Die Flüssigkeit wird abgeseiht und auf ½ Liter Tannenspitzensaft 500 g Zucker zugefügt. Die Masse wird so lange gekocht, bis man einen braunen Sirup erhält. Davon nimmt man bei Husten 2–3 Teelöffel täglich.

Joghurt in eigener Herstellung

Dies ist ein Rezept für Feinschmecker, die keinen Plastikgeschmack mögen. Man braucht Joghurt-Bakterien, die man sich mit dem Kauf eines möglichst frischen Joghurt beschafft, Milch und einen irdenen Topf. Empfehlenswert ist eine Kochkiste, wenn man öfters Joghurt zubereiten möchte. Will man es nur so zum Spaß einmal ausprobieren, reicht auch eine Thermosflasche, die in einen warmen Raum oder an einen warmen Platz gestellt wird. Auch eine Kühltasche kann man für diesen Zweck verwenden, wenn man den Ansatztopf mit Isoliermaterial (Holzwolle, Heu, Zeitung usw.) umhüllt. Und so geht man vor:

1. Einen Liter Milch auf etwa 40° erwärmen.

2. 1–2 Eßlöffel des gekauften Joghurts mit ein wenig Milch verrühren und in die auf 40° erwärmte Milch geben.

3. In den nächsten 10 bis 12 Stunden braucht nun der angesetzte Joghurt eine ideale Temperatur von 20–30°, damit sich die Joghurt-Bakterien gut entwickeln können. Im Winter z.B. kann man das Gefäß über einer Heizung, einem Herd oder Ofen aufstellen, aber es darf auf keinen Fall zu warm werden. Inzwischen gibt es hierfür auch elektrische Geräte zu kaufen.

4. Wird der Joghurt-Ansatz in eine Kochkiste gestellt, die wirklich gut isoliert ist, dann bleibt die Wärme gleichmäßig erhalten. Wer ganz sicher sein möchte, kann nach ein paar Stunden eine Wärmeflasche von nicht mehr als 30° in die Kochkiste geben. Wer auf dem Lande lebt, kann einen erwärmten Ziegelstein oder einen anderen erwärmten Stein von Anfang an in die Kiste mit hineinlegen. Wäre die Temperatur zu niedrig, würde es länger dauern, bis der Joghurt fertig ist. Er würde auch nicht die richtige Konsistenz aufweisen, sondern eher flüssig sein. Wäre die Temperatur zu hoch, würde die Milch zu einer quarkartigen Masse gerinnen, wobei dann Quark und Molke entstünden.

5. Der fertige Joghurt sollte ziemlich fest sein und auch nicht allzu säuerlich schmecken.

6. Am besten schmeckt Joghurt, wenn er ganz frisch ist; er sollte nach der Fertigstellung gegessen, andernfalls kühl gestellt werden.

7. Für den nächsten Joghurt-Ansatz hält man die benötigte Menge zurück und stellt sie kühl.

Pasteurisierte Milch, H-Milch und jedwede behandelte Milch reagiert bei der Joghurt-Zubereitung auf eine Weise, die sich schwer voraussagen läßt. Deshalb nur Natur-Frischmilch benutzen.

Gewußt wie

Im Notfall kann dünn aufgestrichenes Eiweiß auch als Leim verwendet werden. Will man z.B. sicher sein, daß ein Brief nicht geöffnet werden kann (z.B. durch Über-Wasserdampf-Halten), dann bestreicht man die Gummierung mit Eiweiß.

Küche

● Ein Schuß Sahne kann **zu stark gewürzte oder versalzene Speisen** im Geschmack mildern.

● Ein wenig Sahne verfeinert **Saucen** und **Suppen**. Dabei muß süße oder saure Sahne auf das jeweilige Gericht abgestimmt sein. Saucen kann man außer mit Mehl auch binden, indem man feste Joghurtmasse mit dem Schneebesen am Topfrand einrührt. Das schmeckt pikant und bindet, ohne zu „dicken".

● Falls die Milch beim Kochen gerinnen sollte, können Sie sie immer noch zu **Süßspeisen, Eierkuchen** oder **Mayonnaise** verwenden.

● **Butter**, die etwas ranzig schmeckt, können Sie wieder als Aufstrich verwenden, wenn Sie sie mit einer Natronlösung (1 Messerspitze Natron auf ½ l Wasser) oder mit leicht gesalzener Milch gründlich durchkneten.

● Hart gewordene **Hefe** löst sich leichter, wenn Sie sie mit Zucker bestreuen und in Buttermilch anrühren.

● **Blumenkohl** bleibt schön weiß, wenn man dem Kochwasser etwas Milch beifügt.

● **Käse** bleibt länger frisch, wenn man ihn in ein mit Essig angefeuchtetes Tuch einwickelt. Hat man einen kühlen Keller oder eine Speisekammer, ist er dort besser als im Kühlschrank aufgehoben. Ist der Käse jedoch nicht mehr ganz frisch, kann man ihn einige Tage in dicke, saure Milch legen – er wird wieder ganz frisch schmecken!

● **Bratwürste** platzen leicht. Das kann man verhindern, wenn man sie vor dem Braten in kalte Milch legt. Die Milch gut abtropfen lassen, da sonst das Fett in der Pfanne zu sehr spritzt.

● **Reh- und Hirschbraten** wird wunderbar zart, wenn man ihn etwa 2 Tage vor dem Anrichten in Buttermilch oder Rotwein legt. Obendrein verleiht beides dem Braten eine pikante Würze.

● Auch der **Hase** wird zarter, geschmackvoller und würziger, wenn Sie ihn 1 oder 2 Tage vor dem Braten in Buttermilch legen.

● **Salzheringe** werden weniger nach Lake schmecken, wenn sie anstatt in Wasser in Milch zum Auswässern eingelegt werden.

● **Senf** trocknet im angebrochenen Töpfchen nicht ein, wenn man sofort nach dem ersten Öffnen etwas Milch mit Salz vermischt und diese Mischung unter den Senf rührt. Sollten Sie es vergessen haben und der Mostrich eingetrocknet sein, können Sie ihn wieder geschmeidig machen, wenn Sie etwas Öl und Essig und eine Prise Zucker untermischen.

„Meister Propper"

Zum Reinigen heller Fliesen probieren Sie mal folgendes Rezept: ½ kg Schmierseife, 2 Handvoll feines Soda und ca. 4 l Wasser. Schmierseife und Soda in ein ungefähr 5 Liter fassendes Gefäß geben. Mit heißem Wasser anfüllen. Zum Gebrauch eine kleine Menge auf die Fliesen spritzen oder dem Wasser beigeben und dann scheuern.

Haushalt

● Die Sonne ist das beste **Bleichmittel.** Haben Sie zum Bleichen in der Sonne keine Möglichkeiten, dann nehmen Sie Buttermilch: gelb gewordene Wäsche einige Tage in Buttermilch legen, danach gut ausspülen.

● Buttermilch ist ein gutes **Fleckenmittel**. Viele Flecken und beinahe alle Obstflecken kann man durch eine Behandlung mit Buttermilch entfernen. Buttermilch ist außerdem völlig unschädlich.

● **Joghurtflecke** sofort mit lauwarmem Wasser entfernen oder, wenn sie trocken sind, erst ausbürsten und einen eventuellen Rückstand mit lauwarmem Wasser ausreiben.

● **Tintenflecke** von roter Tinte werden einige Stunden in Buttermilch eingeweicht, ausgerieben und mit klarem, handwarmem Wasser nachgespült.

● **Rostflecken** sind die schwierigsten Flecke überhaupt. Auf Stoff dürfen sie nie mit Seife behandelt werden. Das Stück einige Stunden in saurer Milch einweichen und anschließend auswaschen; oder ein Stückchen Würfelzucker befeuchten und den Fleck damit abreiben; oder den Fleck mit heißem Zitronensaft übergießen und dann auskochen. Bei Wäsche: die Flecken mit Zitronensaft betupfen und dann heiß überbügeln. Bei Wolle: die Flecken mit reinem Weinessig entfernen. Rostflecken auf reiner Seide lassen sich überhaupt nicht mehr entfernen.

● **Stockflecke** aus Kochwäsche (Weiße Baumwolle, Leinen und dergleichen) anfeuchten und dann mit einem Gemisch aus Seife und Kreidepulver bestreichen. Diese Mischung einwirken lassen und anschließend abwaschen; oder die Wäsche 2–3 Stunden in saure Milch legen und anschließend einige Minuten in Seifenflockenlösung auskochen.

● Bei **Moderflecken** in Wäsche werden die Stücke einige Tage in saure Milch gelegt und dann normal ausgewaschen.

● Textilien mit **Heidelbeerflecken** werden einige Stunden in saure Milch gelegt, anschließend ausgewaschen und dann lauwarm gespült.

● **Selbstgefärbte Stoffe** färben zuweilen leicht ab. Man kann sie waschecht machen, wenn man sie eine Nacht lang in Milch einlegt.

● **Wachstuch** bleibt geschmeidig und schön, auch hält es länger, wenn man es ab und zu mit kalter Milch reinigt.

● **Weiße Spitzen** werden schön steif, wenn sie in abgekochter Milch angefeuchtet und anschließend gebügelt werden.

● **Weiße Stoffschuhe** kann man mit einem billigen Mittel pflegen und schön erhalten. Zunächst den Staub entfernen und anschließend mit einem Brei aus Milch und Kreidepulver einreiben (mit einer alten Zahnbürste beispielsweise), dann trocknen lassen.

● **Lackleder** wird wie neu, wenn man es mit roher Milch abreibt.

● **Weiße Ledergürtel** werden wie neu, wenn man Milch und geschlagenes Eiweiß zu gleichen Teilen vermischt und die Gürtel kräftig damit abreibt.

Insektenspray nein danke!

Sollten Sie es nicht übers Herz bringen, Fliegen mit der guten alten Fliegenklatsche zu töten, dann hängen Sie getrocknete Hollunderblüten büschelweise in den Räumen auf!

● Häßliche, braune **Kalkflecke auf der Badewanne** kann man mit Buttermilch entfernen. Begießen Sie die Kalkflecken mit Buttermilch oder besser noch, hängen Sie einen mit Buttermilch getränkten Lappen auf die Kalkflecken an die Badewannenwand. Die Buttermilch muß wenigstens eine Stunde einwirken. Mit einem Holzspachtel oder einem Stück Holz läßt sich dann der Belag lösen.

● Weiche **Borsten von Bürsten** lassen sich wieder erhärten. Mischen Sie Milch und Wasser zu gleichen Teilen und lassen Sie die Bürste darin über Nacht liegen.

● **Kacheltische** werden wieder schön sauber, wenn man sie mit einem in Magermilch getauchten Lappen abreibt und mit einem trockenen Tuch gut nachpoliert.

● **Möbel aus Nußbaum** kann man mit Milch pflegen: stauben Sie die Möbel zunächst gut ab, reiben Sie sie mit frischer Milch ein und polieren Sie gut nach.

● **Tischlinoleum** sollte einmal wöchentlich mit etwas Milch oder Buttermilch abgerieben werden. Milch verschönt das Linoleum und erhält es geschmeidig. Hinterher trocken nachpolieren.

- **Fensterscheiben** kann man leicht mattieren: Schlämmkreide (aus der Drogerie) wird mit Milch zu einer dünnflüssigen Masse angerührt und die Fensterscheiben damit bestrichen.
- **Bleistiftschrift** verwischt nicht und läßt sich nicht mehr entfernen, wenn man sie dünn mit Magermilch bestreicht oder das ganze beschriebene Blatt in entrahmte Milch taucht.
- **Vergoldete Bilderrahmen** kann man mit Molke reinigen. Die Rahmen werden dann besonders blank.
- **Elfenbein** können Sie mit Milch oder lauwarmem Seifenwasser reinigen. Polieren Sie mit einem weichen Lappen nach.
- **Kupfergeschirr** wird wieder schön glänzend, wenn es mit Buttermilch und ein wenig Kochsalz geputzt wird.

Hausmittel und Medizin

- Bei Entzündungen erweisen sich **Quarkumschläge** als sehr lindernd. ¼ Pfund Quark wird zwischen 2 Leintücher gegeben, auf die zu behandelnde Stelle aufgelegt (mit Feuchtigkeit abhaltenden Tüchern abdecken) und ausgewechselt, sobald die Quarkmasse getrocknet ist. Bei Verstauchungen ebenso verfahren, bis ärztliche Hilfe kommt.
- Eine **Molkekur** ist sehr wirksam gegen zu hohe Cholesterinwerte im Blut und bei Herzerkrankungen. Dabei sollten Sie darauf achten, daß Sie rechtsdrehende Molke kaufen. Bei Halsschmerzen nützt es ebenfalls, wenn Sie regelmäßig rechtsdrehende Molke aus dem Reformhaus trinken.
- Ein altbewährtes **Einschlafmittel** ist ein Glas Milch, vor dem Zubettgehen getrunken.
- Ein **schweißtreibendes Mittel**, das in der Krankenpflege zu Hause sehr beliebt ist: heiße Milch wird mit Selterswasser gemischt und dann getrunken.

Gebranntes gegen Durchfall

Sehr von Nutzen ist etwas Alkoholisches. Man übergieße 250 g Zucker mit einem Glas Branntwein. Nun zündet man das Gemisch an. Man lasse Vorsicht walten, daß kein Zimmerbrand entsteht! Nachdem die Flamme erloschen ist, flöße man sich von diesem Gemisch ein.

- **Spröde und rissige Hände** kann man mit Buttermilch heilen. Man taucht sie einige Minuten in Buttermilch und reibt sie hernach mit Glyzerin oder fetthaltiger Creme ein.
- **Müde Augen** werden so erfrischt: tränken Sie zwei Wattebäuschlein mit gut warmer Milch und legen Sie sie bei geschlossenen Augen auf die Augenlider. Die Bäuschlein nicht zu sehr auskühlen lassen, sondern ab und zu in die heiße Milch tauchen, denn es ist wichtig, die warme Milch einwirken zu lassen. Schon nach ca. 10 Minuten zeigt sich eine positive Wirkung, und die Behandlung sollte dann beendet werden.
- Gegen **Herzschwäche** wirken Wickel mit heißer Milch auf der Herzgegend. Dabei sollten die Wickel Körpertemperatur haben.
- Bei **Blähungen** kredenzte Großmutter einen Trunk aus Kümmel-Milch. Etwas Kümmel wird in Milch aufgekocht und so warm wie möglich getrunken.
- Bei **Sonnenbrand** wirken Buttermilchkompressen sehr lindernd. Ist keine Buttermilch im Hause, kann man auch kalte Milch dazu verwenden.

Blumen gegen Husten

Überbrühen Sie 50 g Veilchenblüten mit einem halben Liter sprudelnd kochendem Wasser und lassen das 24 Stunden ziehen. Dann geben Sie, ohne durchzuseihen, 150 Gramm Zucker hinzu und lassen alles 20 Minuten auf kleiner Flamme kochen. Erst jetzt wird durchgeseiht. Von dem Hustensaft nimmt man ab und zu einen Teelöffel voll.

Kosmetik und Körperpflege

● **Molken-Schönheitsbad:** baden Sie in der Wanne wie gewohnt, aber fügen Sie zuvor dem Wasser 2–3 Liter Molke zu. Früher wurde die Molke direkt aus der Labkäserei von den Sennerinnen in aller Frühe in die Kurhäuser der berühmten Molkebadeorte (z.B. Interlaken) gebracht. Neben Bädern wurde die Molke auch in kleinen Schoppen getrunken. Die Molke hat eine ganz leicht laxierende Wirkung und entschlackt den Körper auf ideale Weise.

● Buttermilch als **Kühlung für das Gesicht**: nach einem langen Tag in der Sonne das Gesicht mit Buttermilch waschen.

Abwasch ohne Chemie

Ein paar Möglichkeiten:

- *etwas Molke ins heiße Abwaschwasser geben*
- *Molke und einen guten Schuß Essig oder Essig-Essenz dem Abwaschwasser zusetzen*
- *grüne Ton- oder Lehmerde zum Abwaschwasser geben*
- *ein haselnußgroßes Stück Soda dem Abwaschwasser zusetzen*

● Rohe Milch ist ein ausgezeichnetes **Gesichts- und Hautpflegemittel**. Reibt man das Gesicht abends und morgens damit ein, kann man sich teure Gesichtscremes sparen. So angewendet, ist rohe Milch auch ein gutes Mittel, um Gesichtsröte zu bekämpfen.

● **Milch- und Honigmaske**: Honig und Weizenkleie mit Milch zu einem Brei verrühren, auf das Gesicht auftragen und 10 Minuten einwirken lassen. Anschließend mit Kamillentee abspülen. Diese Maske zieht auch die Poren nach dem Sonnenbrand zusammen.

● **Quarkmaske** für schöne Haut: einfach Quark auf das Gesicht 10 bis 15 Minuten einwirken lassen.

● **Mitesser** entstehen durch Straßenstaub oder Puder, der nicht sorgfältig entfernt wurde und eine Verstopfung der kleinen Talgdrüsen hervorruft. Nach einem Dampfbad mit Kamille lassen sich Mitesser leicht entfernen. Ein Stück Hefe in aufgewärmter Milch verrühren. Dann den Brei auf das Gesicht streichen und 10 Minuten einwirken lassen.

● Wenn bei schlechtem Wetter die **Lippen** aufspringen oder auch sonst spröde werden, bestreiche man sie mit frischem Rahm.

● Milch macht **rauhe Hände** weich. Schon ein Schuß Milch ins Waschwasser wirkt Wunder. Auch für Gesicht und Hals empfiehlt sich dieses einfache Mittel. Die Hautpartien mehrmals benetzen, einziehen lassen und lauwarm abwaschen.

● Wer unter **rauhen Fersen** leidet, sollte die Füße täglich in einem gut warmen Schmierseifenbad einweichen, mit Bimsstein oder einem Spezialschwamm abreiben und dann gut einölen oder eincremen. Wenn die rauhen Stellen abgetragen sind, nach einigen Tagen zu einem Bad mit Wasser, dem ein Schuß Milch zugesetzt wurde, übergehen. Danach sollten die Füße nicht mehr mit klarem Wasser abgespült, sondern nur die Feuchtigkeit abgetupft werden.

Spray ade!

Für festes, gut sitzendes Haar: Bier unverdünnt mit einem Zerstäuber auf das Haar verteilen. So sitzt jede Frisur tadellos. Der Biergeruch verschwindet, sobald das Haar trocken ist.

Balkon und Garten

● Die **Igel** in unseren Gärten fressen Mehlwürmer, hartgekochte Eier, Innereien, Hühnerklein, frischen Fisch, getrocknetes Weißbrot, Bananen, rohes und gekochtes Fleisch, Babynahrung und Wasser. Auf keinen Fall Milch hinstellen: Milch erzeugt Durchfall, und die Tiere gehen ein. Nur Igelkinder vertragen stark verdünnte Milch.

Öl

Das von den Ölpflanzen stammende Öl wird in drei Gruppen eingeteilt: nichttrocknendes Öl ist z.B. Erdnußöl, Olivenöl und Rizinusöl; trocknendes Öl ist beispielsweise Leinöl, Mohnöl und Hanföl und schwachtrocknende Öle sind u.a. Baumwollsaatöl, Maisöl, Sesamöl, Sojabohnenöl und Rüböl.
Speiseöl wird ausschließlich aus den Samen und Früchten ölhaltiger Pflanzen gewonnen. Eine rationelle Gewinnung ist nur fabrikmäßig möglich. Auf primitive Art kann jedoch Öl auch durch Auskochen der Ölfrüchte mit Wasser und Abschöpfen des sich oben ansammelnden Öls gewonnen werden.
Von allen pflanzlichen Ölen ist Olivenöl das empfindlichste. Es wird bereits bei +10° C trübe und bei +2° C salbig, deshalb nie im Kühlschrank aufbewahren. Wirklich gutes Olivenöl muß kaltgepreßt sein und einen Säuregrad von höchstens 0,5 % aufweisen.

Ein paar Hinweise

- *Ist Speiseöl trübe geworden, so klärt es sich, wenn es an einem warmen Ort einige Tage ruhig steht.*
- *Öl sollte man niemals im Kühlschrank aufbewahren, weil beim Auftauen der Geschmack leidet. Am besten bewahrt man Öl in einer dunklen Flasche an einem dunklen Ort bei mäßiger Temperatur auf.*
- *Gefrorenes Öl wird trübe. In einem warmen Raum bei Zimmertemperatur sollte man es auftauen und nicht in die Nähe des Ofens bringen. Wenn es aufgetaut ist, wird es wieder klar.*

Pauspapier leicht gemacht

Man bestreicht einen einfachen Schreibmaschinenbogen dünn mit Öl und läßt ihn trocknen. Schon ist er gebrauchsfertig.

● *Sind Öl oder Fett in Topf oder Pfanne in Brand geraten,* **nie** *mit Wasser überschütten, sondern einen Deckel überstülpen.*

● *Öl möglichst dunkel oder in dunklen Behältern wie Dosen, braungefärbten Flaschen usw. aufbewahren: das Licht zerstört wertvolle Vitamine und Wirkstoffe.*

● *Öl wird nicht ranzig, wenn man die Flasche mit einem reinen Läppchen zubindet, anstatt mit einem Korken zu verschließen.*

Küche

● **Nudeln und Spaghetti** kleben nicht zusammen, wenn Sie dem Wasser vor dem Kochen einen Schuß Öl (oder ein Stückchen Butter) zugeben. Dadurch erspart man sich vor allem das Abschrecken, das die Teigwaren unerwünscht rasch abkühlen läßt.

● Wenn der **Hefeteig** an den Händen festklebt, gießen Sie etwas Salatöl über die Finger, verreiben es und kneten den Teig weiter. Das können Sie einige Male wiederholen, bis sich der Teig gut bearbeiten läßt und sich leicht von den Händen löst.

● **Strudelteig** reißt nicht beim Ausrollen, wenn man dem Teig einen Schuß Essig oder Öl untermischt. Geschmacklich wird er sich dadurch nicht verändern.

● Selbstgemachte **Mayonnaise** hält sich ziemlich lange frisch, wenn Sie sie in ein hohes, schmales Glas füllen und die Oberfläche dick mit Öl begießen und dadurch luftdicht abdecken.

● **Tomaten**, mit etwas Olivenöl beträufelt, verlieren etwas von ihrer Säure.

● **Rühreier** in Olivenöl schmecken sehr gut, wichtig: nur einige Tropfen verwenden und die Eier möglichst langsam bei niedriger Temperatur garen.

● **Geflügel, Fleisch und Fisch,** vor dem Braten mit Olivenöl bestrichen, trocknen nicht so leicht aus.

● **Paniertes Fleisch** und **panierter Fisch** verlieren beim Braten nicht so schnell die Panade, wenn man sie vor dem Panieren mit Öl bestreicht.

● **Bücklinge**, die nicht sofort gegessen werden sollen, befreit man am besten von Haut und Gräten, legt die so gesäuberten Fischstücke auf einen Teller und beträufelt sie mit etwas Öl. Auf diese Weise bleibt der Bückling frisch und verfärbt sich auch nicht.

Ein Kleber für Porzellan

Man vermischt ½ l billigen Branntwein mit ½ l Wasser. Da hinein gibt man unter Rühren 30 g Stärkemehl und 50 g fein pulverisierter Kreide, dann 15 g Tischlerleim zufügen, alles aufs Feuer setzen und zum Sieden bringen, zum Schluß 15 g Terpentinöl zufügen und alles gut vermischen.

Haushalt

● Das **Knarren von Ledersohlen** können Sie beseitigen, wenn Sie die Sohlen mehrere Male mit Leinöl einreiben. Zwischen jeder neuen Behandlung müssen die Sohlen vollkommen trok-ken gewesen sein. Dem Knarren kann man auch abhelfen, wenn man die Schuhe eine Weile in abgekochtes Leinöl stellt. Dabei darf nur die Sohle mit dem Leinöl in Berührung kommen. Neue Schuhe werden elastischer und vor allem auch haltbarer, wenn man sie mit Leinöl (oder feinem Fischtran) einreibt.

● Neue **Lackschuhe** bekommen keine Gehfalten, wenn man sie vor dem ersten Tragen mit reinem Rizinusöl einreibt. Reiben Sie Lackschuhe öfters mit Öl (es kann auch Salatöl sein) ein, werden sie nicht so leicht brechen. Wenn das Öl eingetrocknet ist, können Sie die Lackschuhe blankputzen. Sogar bei schon vorhandenen Rissen ist das Einreiben mit Öl nützlich: sie ziehen sich dadurch wieder zusammen.

● Wertvolle **Lederschuhe**, die hart und brüchig geworden sind, können noch „gerettet" werden, wenn man Rizinusöl mit dem Finger aufträgt. Die erzeugte Wärme in Verbindung mit dem Öl wirkt zusätzlich pflegend.

● **Nasse Schuhe** sollten zuerst getrocknet, dann vom Schmutz befreit und mit Rizinusöl eingerieben werden. Stopfen Sie die Schuhe mit Zeitungspapier aus und lassen Sie sie in Seitenlage gut austrocknen. Sie dürfen nicht in der Nähe des Ofens getrocknet werden.

● **Ledermöbel** werden brüchig und trocken, wenn sie zu nahe an Heizungskörpern aufgestellt werden. Im allgemeinen genügt regelmäßiges Abwischen als Pflege. Von Zeit zu Zeit können sie mit einem sehr wenig feuchten Tuch mit einer schwachen Essiglösung abgerieben werden. Mit einem Wolltuch nachpolieren. Mindestens einmal im Monat sollten Sie die Ledermöbel einer sorgfältigen Pflege unterziehen. Reiben Sie die Stücke mit Rizinusöl sehr dünn ein. Dadurch bleibt das Leder weich und geschmeidig. Mit einem weichen Wollappen nachpolieren. Einmal im Jahr sollten die Ledermöbel mit einem Spezial-Pflegemittel gepflegt werden. Seien Sie jedoch vorsichtig und probieren Sie es an einer wenig sichtbaren Stelle erst aus. Sie können Ledermöbel auch auffrischen, wenn Sie Essig und Öl im Verhält-

Das mühsame Weiß vergangener Zeiten

Früher gab es keine Waschmaschinen. Die Wäsche wurde in großen Bottichen eingeweicht, auf dem Waschbrett mit Kernseife von Hand gewaschen, danach in großen Kesseln gekocht, gespült und vor dem Trocknen gestärkt. Wäschestärke gab es zu kaufen, aber die meisten Hausfrauen machten sie selbst: Rohe Kartoffeln wurden gerieben, die Stärke mit Wasser ausgespült. Nach ein paar Stunden setzte sie sich, nachdem der Reibebrei der Kartoffeln zu einer Mahlzeit verwendet worden war, auf dem Boden des Gefäßes. Daraus kochte man eine dünne, schleimige Suppe, die mit Wasser noch weiter verdünnt und durch die die Wäschestücke hindurchgezogen, dann ausgewrungen und getrocknet wurden. Zum Bügeln wurde die Wäsche dann angefeuchtet. Die Wäschestücke glänzten, sahen wie neu aus und hielten auch länger vor; denn Stärke macht die Wäsche unempfindlich gegen Schmutz.

nis 1:1 mischen und die Möbel damit abreiben. Auch hier muß mit einem weichen Wollappen nachpoliert werden.

● **Ledertaschen** und andere **Ledergegenstände** kann man vor dem Brüchigwerden bewahren. Bereiten Sie eine Mischung aus Leinöl und Essig im Verhältnis 1:1 in folgender Weise: Das Leinöl wird bis auf den Siedepunkt erhitzt und bis fast zum völligen Erkalten abkühlen gelassen. Nun fügen Sie den Essig hinzu. Vermischen Sie beide Flüssigkeiten sehr gut miteinander und reiben Sie den Gegenstand damit ein. Dieser Vorgang muß wiederholt werden, wenn er beim ersten mal nicht den gewünschten Erfolg gebracht hat.
Sie können Taschen und dergleichen aus Leder auch vor dem Brüchigwerden bewahren, wenn Sie den Gegenstand alle zwei Wochen mit Rizinusöl einreiben und dabei das Öl gut einziehen lassen.

● **Wildlederhandschuhe** bleiben auch nach der Wäsche schön weich, wenn Sie dem letzten Spülwasser ein wenig Olivenöl zusetzen. Die Handschuhe müssen dann an der Luft trocknen. Auch **Glacéhandschuhe** und **Lederhandschuhe** bleiben weich und geschmeidig, wenn sie von Zeit zu Zeit mit Rizinusöl eingerieben werden.

● Das Hartwerden von **Lederhosen** können Sie vermeiden, wenn Sie die Lederhose ab und zu in eine Mischung aus zwei Eßlöffeln Olivenöl und vier Liter Wasser legen. Dabei sollten die Hosen gut durchgedrückt und nicht nachgespült werden.

● Gegen Flecken auf **Nußbaum-Möbeln** bereiten Sie eine Mischung aus Öl und Salz, reiben damit den Flecken ein und polieren mit einem weichen Tuch nach. Immer in Holzfaserrichtung arbeiten. Sie können auch einen Brei aus Zigarrenasche und Öl bereiten und, wie eben beschrieben, verfahren.

Mücken-Farbscala

Mücken fliehen vor weißgekleideten Leuten (auch blau und blasses Grün mögen sie nicht). Dagegen fliegen sie wie magisch angezogen auf geblümte Stoffe, besonders auf rote Blumen. Das sollte man wissen, nicht nur bei der Auswahl der Kleidung, sondern ebenso bei der Auswahl von bunten Sonnenschirmen, Vorhängen, Tapeten usw.

● **Wasserflecken auf Möbeln** sind mit einer Mischung aus Zigarrenasche und Speiseöl schnell zu entfernen.

● **Farbflecke** von Händen und Gesicht kann man mit Speiseöl anstatt mit üblichen Farbentfernern beseitigen.

● **Pinsel,** die hart geworden sind, werden in warmes Leinöl eingetaucht (nicht bei Lackfarbe).

● Das Sägen von **Weichholz** (z.B. Tanne, Kiefer oder Fichte) geht viel leichter, wenn Sie das Sägeblatt vorher mit Öl einreiben. Sie können stattdessen auch eine ungesalzene Speckschwarte benutzen.

● **Holzteile,** die blind geworden sind, werden wieder glänzend, wenn Sie sie mit einer Mischung aus einigen Tropfen Salatöl und einigen Tropfen Rotwein einreiben.

● Das **Nägeleinschlagen** wird leichter gehen, wenn Sie die Nägel vor dem Einschlagen in Öl legen oder mit trockener Seife einreiben.

● **Nägel** und **Haken** werden nicht rosten, wenn Sie sie vor dem Gebrauch über einem offenen Feuer bis zur Rotglut erhitzen und dann in Leinöl tauchen.

● Wenn Sie einmal im Jahr heißes Leinöl auf **Eisentüren** auftragen, bleiben sie schön, vor allem rosten sie nicht.

● **Türen und Schlösser** dürfen nur mit Maschinenöl geölt werden. Mit Pflanzenölen werden sie klebrig.

● Reiben Sie die rostigen Stellen an **Herden und Öfen** mit heißem Öl ein. Meistens läßt sich dadurch schon der Rost entfernen.

● Eine **Flasche** brauchen Sie nicht unbedingt zu versiegeln, um sie luftdicht zu verschließen. Es genügt, wenn Sie den Korken erwärmen, ihn dann einige Minuten in Öl tauchen und ihn dann erst in die Flasche drücken. Sie können auch den warmen Korken in flüssiges Wachs tauchen und den Korken dann sofort in den Flaschenhals eindrücken. Danach können Sie die Flasche versiegeln, wenn Sie den Flaschenhals mit dem Korken noch einmal in Wachs tauchen und dann trocknen lassen.

● Wenn der **Glasstöpsel** sich aus einem Flacon nicht entfernen läßt, genügt es meistens schon, wenn Sie einen Tropfen Öl auf

den oberen Rand geben. Glasstöpsel von Flacons, Flaschen und Karaffen sollte man auf der Handfläche leicht mit Öl einreiben. Sie bleiben dann nie zu fest haften.

● Das Festsaugen von **Abflußstöpseln** können Sie verhindern, wenn Sie die Stöpsel von Zeit zu Zeit mit Vaseline oder Glyzerin einreiben. Verwenden Sie kein Öl, Öl ist für Hartgummi auf die Dauer schädlich.

Blüten gegen Durchfall

Ein gutes Mittel gegen Durchfall ist Kamille. Man wärme Kamillenblüten an, fülle sie in ein Leinensäckchen und bringe sie auf den Leib, wodurch der Leib sich wieder beruhigt.

● **Mosaikfußböden** können Sie mit Kern- oder Schmierseifenwasser und Leinöl reinigen. Säubern Sie zunächst den Fußboden mit einer schwachen Lauge, spülen nach und lassen ihn trocknen. Dann reiben Sie ihn mit Leinöl ein. Nach einer Weile können Sie mit einem Wolltuch nachpolieren.

● **Zementböden** müssen mit kräftiger Waschlauge (Schmierseife z.B.) gereinigt und mit kaltem Wasser nachgewischt werden. Zementböden pflegt man mit Leinöl.

● Kleine Kratzer im **Linoleumboden:** Reinigen Sie zunächst den Boden mit feinem Sandpapier, entstauben Sie ihn gut und reiben ihn dann sehr dünn mit Leinöl ein. Danach werden alle Kratzer verschwunden sein.

● **Blinde Fensterscheiben** werden wieder blank, wenn Sie ein Wolltuch mit Leinöl oder Olivenöl befeuchten und die Scheiben damit dünn einreiben. Eine Stunde muß das Öl einwirken. Dann mit weichem Seidenpapier wieder entfernen, die Fenster wie üblich putzen.

● Trübe Stellen auf **Spiegeln** werden wieder aufgehellt: Sie lassen etwas Öl einwirken und reiben mit Seidenpapier nach.

● Der **Glasschneider** faßt beim Schneiden besser, wenn man die Schnittlinie vor dem Schneiden mit einem ölgetränkten Lappen bestreicht.

● **Konservendosen** rosten im Keller nicht, wenn man sie dünn mit Öl einreibt.

● Die **Schlösser Ihrer Koffer,** wenn sie auf einem Speicher aufbewahrt werden, sollten von Zeit zu Zeit mit Maschinenöl eingeölt werden. Sie können sich dadurch viel Ärger sparen.

● Falls das **Knarren der Matratze** stören sollte, ölen Sie alle sich kreuzenden Sprungfedernteile ein.

● Wollen Sie **Plastikstoff** auf der Nähmaschine nähen, dann streichen Sie ihn dünn mit Vaseline ein. Auch Öl hilft, schmiert aber sehr.

● Reiben Sie **Hornlöffel** und andere **Horngegenstände** zur Pflege ab und zu mit Salatöl ab.

● Ihre **Perlenkette** wird wieder schön matt und sanft glänzen, wenn sie mit einer Winzigkeit Öl behandelt wird. Fetten Sie Ihre Hände mit Speiseöl ein, reiben Sie die Perlen sanft zwischen Ihren Händen, so daß sie überall mit Öl in Berührung kommen und reiben dann vorsichtig mit einem Wollappen nach.

Mit Olivenöl gegen Haarausfall

5 Eßlöffel Olivenöl, 10 Eßlöffel 40%iger Rum und 1 Eigelb werden miteinander verquirlt. Mit diesem Brei wird die Kopfhaut zweimal wöchentlich massiert. Dabei dürfen die Haare nicht unsanft behandelt, also nicht gezerrt werden. Das Einmassieren sollte in sanften, kreisenden Bewegungen erfolgen. Über Nacht sollte man dieses Mittel einwirken lassen und das Haar am nächsten Morgen mit Shampoo waschen.

Hausmittel und Medizin

● **Eingewachsene Nägel** kann man mit einem ölgetränkten Läppchen aufweichen. Umwickeln Sie damit den Finger- oder

Fußnagel. Schon am nächsten Tag wird der Nagel so weich sein, daß man ihn leicht schneiden kann.

● **Zecken entfernen:** Die Zecke mit Öl bestreichen. Die kleinen Blutsauger kriechen zum Öl hin und ersticken.

● Bei einer **Rachenreizung** kann Mandelöl sehr hilfreich sein. Die Reizung bessert sich rasch, wenn Sie dreimal täglich einen Teelöffel voll Mandelöl langsam im Munde zergehen lassen.

● Bei **Hals- und Mandelentzündung** ein wenig Leinöl dreimal täglich einnehmen. Die äußerliche Halspartie sollte dünn mit Leinöl eingerieben werden. Umwickeln Sie den Hals zuerst mit einem Baumwoll- und dann mit einem Wolltuch.

Wegerich hilft

Wegerich hat eine heilende und kühlende Wirkung. Frisch gepflückte und gewaschene Wegerichblätter auf die Wunde legen. Die Blätter können vorher mit dem Fleischklopfer saftig gedrückt werden. Mit steriler Gaze abdecken und ab und zu auswechseln. Keinen Wegerich von abgasverseuchten Straßenrändern verwenden!

Kosmetik und Körperpflege

● Olivenöl ist ein vorzügliches Pflegemittel für trockene und faltig gewordene **Haut**. Die Haut strafft sich wieder, wenn Sie abends ein mit gewärmtem Olivenöl durchzogenes Mulltuch auf Gesicht und Hals legen und diese Packung ca. 20–30 Minuten einwirken lassen. Danach die Haut vorsichtig mit einem trockenen, weichen Tuch abtupfen. Diese Kur einmal wöchentlich durchführen.

● Olivenöl ist auch ein vorzügliches **Sonnenöl.** Allerdings ist es, auf die Haut aufgetragen, sehr klebrig. Am Meer, wo es mit dem salzigen Bad schnell und spurlos beseitigt werden kann, ist es doch anderen Haut- und Sonnenschutzmitteln vorzuziehen, zumal die Kombination von Olivenöl und salzigem Meerwasser die Haut besonders schnell bräunen läßt.

● Olivenöl als **„After-Sun-Mittel":** nach dem Sonnenbad oder einer Segeltour abends auf die gereinigte Haut auftragen. Jede Rötung verschwindet sofort, und die Haut spannt nicht mehr.

● Mit einer **Sonnenblumen-Öl-Maske** wird die Haut glatt und seidig: 2 Papiertaschentücher mit Sonnenblumenöl tränken, aufs Gesicht legen, mit Folie abdecken und 15 Minuten einwirken lassen.

● Als **Haarkur** Haare und Kopfhaut sehr dünn mit Olivenöl einreiben. Dabei nicht zuviel Druck ausüben, da das Haar nicht strapaziert werden darf. 2 feuchte, ausgewrungene und gut erwärmte Handtücher um den Kopf wickeln und ca. 15–20 Minuten einziehen lassen. Gehen Sie sehr sparsam mit dem Olivenöl um, denn Sie müssen es ja wieder auswaschen.

● Bei **verhornten Ellenbogen:** in 2 Schüsselchen mit lauwarmem Öl die Ellenbogen einige Minuten halten, dann mit Handbürste und Seifenlauge behandeln, zuletzt mit Nährcreme einreiben.

● **Fingernägel** werden nicht so schnell brüchig und reißen nicht so schnell ein, wenn sie vor dem Schlafengehen in einem Schälchen gewärmten Öls gebadet oder mit Zitronenwasser eingerieben werden.

● Den Wuchs von **Augenbrauen und Wimpern** können Sie fördern, wenn Sie sie mit Rizinusöl einreiben.

Da staunt der Zahnarzt

Mit Schachtelhalmpulver (euquisetum arvense) kann man Karies verhüten. Schachtelhalm kann man selbst auf einer feuchten Wiese sammeln, aber nur dort, wo man sicher ist, daß die Wiese nicht vergiftet ist, z.B. durch Unkrautvertilgungsmittel oder Autoabgase. Man trocknet die Zweige, zerkleinert sie und pulverisiert sie in der elektrischen Kaffeemühle, taucht die Zahnbürste trocken in das Pulver, bürstet damit die Zähne und spült dann nach. Schachtelhalm verhütet Karies in jeder Form und heilt Zahnfleischbluten, weil es Silizium enthält.

● Wollen Sie mehr Glanz auf Ihre **Lippen** und mehr Dauer für den Lippenstift: nach der Auftragung mit Rizinusöl bestreichen (ein Hauch reicht aus).

● Anstatt **Reinigungscreme** zum Abschminken genügt etwas Olivenöl, dem Sie ein paar Tropfen Zitrone beimischen. Diese Flüssigkeit wird mit einem Wattebausch aufgetragen.

● Anstelle von **Babycreme** (oder Vaseline) kann man auch einfaches Pflanzenfett (z.B. Olivenöl) benutzen. Es hat dieselbe Wirkung.

Heilung garantiert!

Eine Holzfällersalbe braucht 2 kleingehackte rohe Zwiebeln, sehr salziges Schweinefett, Olivenöl und weißes Bienenwachs. Letztere drei zu gleichen Teilen vermischen, die Zwiebel dazugeben und das Ganze so lange kneten, bis eine harte Paste entsteht. Ehe man diese Salbe auf die Wunde gibt, muß sie im Wasserbad erhitzt werden.
Übrigens ist die Sonne der beste Wundheiler, den es gibt, so daß eine Wunde sobald wie möglich dem Sonnenlicht ausgesetzt werden sollte.

Balkon und Garten

● Reibt man die Messer des **Rasenmähers** vor dem Mähen mit Speiseöl ein, wird das Gras nicht daran kleben bleiben.

● **Rostige Gitterstäbe:** Säubern Sie zunächst die Stäbe mit einer Drahtbürste vom Rost und streichen sie dann mit warmem Leinöl ein. Danach können Sie die Ölfarbe auftragen.

Zeitungspapier

Zeitungspapier wird aus Holz hergestellt und ist ein hochwertiges Naturprodukt. Als solches ist es zu schade, um einfach weggeworfen zu werden. Denn Zeitungspapier hat mehrere nützliche Eigenschaften: es isoliert, ist saugfähig und schützt vor Motten. Vorsichtig muß man sein, wo Zeitungspapier in die Nähe von Lebensmitteln kommt, da die Druckerschwärze Gifte enthält. Deshalb sollte man sogar beim Blättern das Anfeuchten der Finger vermeiden, da sonst Blei in den Körper kommen kann!

Früher benutzte man alte Zeitungen als Clopapier. Vielleicht wird heute wieder manch einer auf diese Idee kommen, da das käufliche Toilettenpapier sehr teuer geworden ist. Was an alten Zeitungen zuviel da ist, gehört nicht in den Mülleimer (den es doch nur verstopft), sondern in die Altpapiersammlung. So schnell können Bäume gar nicht wachsen, um unseren Papierbedarf zu decken: die Folgen sind Entwaldungen ganzer Landstriche mit unkalkulierbaren klimatischen Veränderungen.

Aber ehe Sie Ihr Zeitungspapier für die nächste Sammlung bündeln, schauen Sie erst, ob Sie es schon überall genutzt haben, wo dies sinnvoll erscheint.

Haushalt

● **Gemüse und Salate** lassen sich länger frisch halten, wenn man sie, in Zeitungspapier eingewickelt, in das Gemüsefach des Kühlschranks, in den Keller oder an einen kühlen Ort legt. Zwischen Gemüse und Zeitung legen Sie ein Seiden- oder anderes dünnes Papier, damit die Druckerschwärze mit den Lebensmitteln nicht in Berührung kommt.

● Beim **Putzen** ist die Zeitung ebenfalls sehr willkommen. Herdplatten werden blank, weil das in der Druckerschwärze enthaltene Graphit die Platten pflegt. Gut zerknüllt kann man damit auch den groben Dreck von Fenstern, Schuhen etc. wegputzen sowie Flüssigkeiten, die ausgelaufen sind, aufsaugen.

● Zum Reinigen von **Vasen und Flaschen:** Geben Sie Sand und kleine Zeitungsschnipsel in das Gefäß und schütteln Sie kräftig. Bei ganz hartnäckigen Flecken die Prozedur wiederholen.

● Beim Reinigen eines **Filz- oder anderen Hutes** den Hut mit Zeitungspapier ausstopfen, dann verliert er nicht seine Form.

● Wer mit **nassen Stiefeln** nach Hause kommt, steckt Zeitungen in die Schuhe. Sie saugen schnell die Feuchtigkeit auf. Schuhe, besonders gefütterte, überwintert man idealerweise, indem man sie mit Zeitungen ausstopft. Das schützt auch vor Motten, die die Druckerschwärze nicht mögen.

● **Schuhe und Stiefel** können Sie mit zerknüllter oder aufgerollter Zeitung ausstopfen. Eine aufgerollte Zeitung oder Zeitschrift erspart den Stiefelspanner. Die Stiefel bleiben aufrecht stehen. Niemals an der Heizung, sondern nur bei Zimmertemperatur trocknen.

Seife Baujahr 1918

„Fünf Pfund ungesalzenes altes Fett werden mit einem Pfund Seifenstein und 250 g Pottassche in ca. 8 Liter Wasser 3 bis 4 Stunden gekocht. Die Masse muß geleeartig aussehen, dann läßt man sie abkühlen und schneidet handliche Stücke heraus".

● **Woll- und Pelzsachen** in frisches Zeitungspapier wickeln: Motten zerfressen Zeitungspapier nie!

● Als Mottenschutzpapier, gleichzeitig als **Wärme- und Lärmschutz** gegen laute Nachbarn eine Etage tiefer unter den Teppich gelegt, ist die Zeitung ideal! Von Zeit zu Zeit auswechseln!

● **Flur- und Treppenläufer** halten länger, wenn man 2–3 Schichten Zeitungspapier darunterlegt. Die Läufer wetzen dann auch nicht so rasch ab.

● Zur **Lagerung von Teppichen** darf kein Plastik benutzt werden, da Teppiche den Luftaustausch brauchen. Saugen Sie den Teppich, belegen Sie ihn mit Seidenpapier, dann in frisches Zeitungspapier einschlagen und zubinden.

● **Ärmelbrettersatz:** Eine dicke Zeitschrift zusammenrollen, ein Tuch herumwickeln und in den Ärmel stecken. Die Zeitschrift paßt sich ganz allein der Form des Ärmels an, und Sie können bügeln.

● Zum **Staubfreifegen** kleine Zeitungsstückchen naß machen, auf dem Boden der Garage oder dem Hof verstreuen und mit dem Staub zusammenfegen. Sie brauchen dann keinen aufgewirbelten Staub einzuatmen. Mit frisch geschnittenem Gras geht es genauso gut.

● **Fensterrahmen und -scheiben** mit Seifenlauge vom Schmutz befreien und mit klarem Wasser nachwaschen. Dann mit Zeitungspapierknäulen die Scheiben trocknen und blank reiben.

● **Zerbrochene Fensterscheiben** entfernt man sicher, ohne sich zu schneiden, wenn man auf beiden Seiten Zeitungspapier aufklebt, das Zeitungspapier trocknen läßt und die Scheibenreste herausbricht. So entstehen auch keine Splitter.

● Bei **Rissen in Wänden** weichen Sie Zeitungspapier auf und vermengen es mit Leim. Mit diesem Brei können Sie die Risse ausfüllen.

● Kleine **Schräubchen,** die sich zum Eindrehen nicht gut festhalten lassen, durch Zeitungspapier oder dünnen Karton stecken und daran festhalten und, wenn es schon etwas ver-

Altes gegen Hämorrhoiden

Sehr von Nutzen ist eine Salbe mit Efeu, Wegerich und Schmalz. Man nehme 250 g Schmalz und koche darin 24 Efeublätter (hedera helix) und 16 Breitwegerichblätter. Werden die Blätter braun, so gieße man alles durch ein Sieb und lasse erkalten. Damit sie sich lange erhalte, verwahre man die Salbe am kühlsten Orte im Hause. Die Salbe läßt sich innerlich und äußerlich gebrauchen. Damit sie Wirkung zeige, gebrauche man sie zweimal täglich.

ankert ist, das Papier entfernen. Dasselbe gilt für Nägel, damit man sich nicht auf die Finger klopft.

● **Klaviere** können Sie vor Temperatur- und Feuchtigkeitseinflüssen schützen (wenn ein Haus z.B. einige Zeit unbewohnt ist), wenn Sie zusammengeknülltes Zeitungspapier in den Hohlraum des Klavieres stopfen. Zeitung saugt die Feuchigkeit auf. Mit einem Leinentuch das Klavier abdecken.

● Aus Zeitungen läßt sich **Brennmaterial** machen, auch ohne die teuren Brikettpressen, und zwar so: im Sommer (Brikettmachen ist eine ideale Sommerbeschäftigung!) weicht man Zeitungen in der Regentonne ca. 24 Stunden gut ein, dann zieht man die Zeitungen lagenweise (Lagen ca.2 cm dick) aus der Tonne und wickelt aus jeder Lage unter Druck eine Rolle und läßt sie an der Sonne trocknen. Man schafft in einer Stunde ganze Berge. Zeitungsbriketts sind allerdings nicht zum Grillen geeignet, da die Druckerschwärze giftig ist.

● Gekaufte **Braunkohlenbriketts** halten die Glut viel länger, wenn man vorher das Brikett in eine Zeitung rollt und dann mit Wasser anfeuchtet. Abends vor dem Schlafengehen eine Schaufel voll Asche darübergeschüttet, hält die Glut bis zum nächsten Morgen (so machte es meine Mutter).

Rauchen gegen Asthma?

„Man rauche getrocknete Eukalyptusblätter in einer Pfeife. Sehr von Nutzen sind auch Anissamen. Man rauche sie statt der Eukalyptusblätter."

● Auch für das **Auto** ist die Zeitung gut zu gebrauchen: im Winter unter die Matten gelegt, saugt sie Feuchtigkeit auf und verhindert stehende Nässe, die unweigerlich zum Durchrosten führen würde. Von Zeit zu Zeit wechseln.

● **Autoscheiben** werden in der warmen Jahreszeit von Insekten oft stark verschmutzt. Dagegen hilft so schnell kein Mittel, auch

nicht das teuerste Fensterspray. Hier ist eine Zeitung sehr hilfreich: man klatscht sie naß auf die Windschutzscheibe und läßt die Feuchtigkeit einige Stunden einwirken. Danach braucht man nur noch mit einem Lappen die aufgeweichten Fliegenkadaver abzuputzen.

● Aus einer Zeitung (oder einer Landkarte) können Sie einen **Trichter** zusammenrollen, wenn Sie Benzin aus dem Reservekanister nachfüllen müssen und kein Trichter zur Hand ist.

● Die Zeitung bietet ein ideales **Bastelmaterial:** zur Herstellung von Pappmaché, zum Basteln von Masken etc., zum Falten von Fliegern und Schiffchen oder mit Lack bepinselt als originelles und dekoratives Geschenkpapier.

● **Schablonen und Schnittmuster** macht man, um Geld zu sparen, auch heute noch aus Zeitungspapier.

● Unterwegs kann man, wenn man eine Zeitung dabei hat, sich damit schön **warm gepolstert** auf einen kalten Stein setzen. Und sollte die Sonne sehr heiß scheinen, läßt sich ein Sonnenschutzhelm falten — wie früher in der Kindheit und zum Fasching!

Balkon und Garten

● Mehr und länger Freude haben Sie an **Tulpen,** wenn Sie sie über Nacht fest in Zeitungspapier einrollen und mit der Zeitung eingerollt ins Wasser stellen. Umgekippte Tulpen richten sich dabei auch wieder auf. Tulpen mögen übrigens keine bis zum Rand gefüllte Vase: mehr Wasser als 2/3 des Vaseninhaltes wäre schon zu viel.

Ein letzter Ratschlag der Autorin

Nicht warten, bis sich
etwas wandelt,
selbst ändern, indem
man handelt!

Register